はじめに

正直なところ、自分が故郷の知事になるとは、露とも思ったことはなかった。実は、初めて立候補した２００７年のそのまた4年前の知事選挙にも「出ないか」とお誘いを受けたことがある。まだ36歳だったし、財務省の仕事に没頭している時期でもあった。「とても私には無理です」とその時はすぐにお断りした。その後も、幾度か政界進出のお誘いもあったが、お受けすることはなかった。40歳を前に、不惑とまではいかなかったが、霞ヶ関に骨を埋める覚悟を固めていたのだ。

だが、運命とは数奇なものだ。２００７年10月のほんの一瞬の決断によって、高知県政こそ全て、という12年間を過ごすこととなった。

この12年間、私にとって何よりも大事だったもの。迷うことなく断言できるが、それは高知県政だ。

2期目が始まって間も無い頃、知事室で、就任したばかりの岩城孝章副知事に向かって私は「公明正大な県政運営を行い、県民のため県勢浮揚を成し遂げたい。是非、宜しくお願いします」と語りかけた。当たり前のことだろうが、私は、この時、この文字通りを行う重みを既に理解していたつもりだ。十河清副知事に助けられ、40歳の未熟な私が知事としての歩みを始めてから4年。知事故に華やか、などとんでもない。毎日、地道で苦しい日々だったが、その苦しさは「公明正大、県勢浮揚」の八文字を愚直に追求したからこそだ。

「至誠通天」を信じ、県政運営に当たりこの八文字を貫く。このことが12年間、私にとって何より大事なことであった。

思えば、どれだけの人々に助けられてきただろう。優しく懐の深い十河副知事や、私の呼びかけに「是非、そうしましょう」と決然と答えてくれた岩城副知事をはじめ、多くの方々が未熟な私に温かく手を差し伸べてくださった。

在任中は、お堅い財務官僚だった私がよくもこれだけ大胆に、と思うほど数々の挑戦を行った。だが、多くの方々が失敗のリスクも受け止めた上で、温かく背中を押してくださった。そして、もくもくと頑張ってくださった県庁職員のおかげで、これらの挑戦は政策となり、県議会での御指導と御理解を得て、官民協働でひとつひとつ実行されていった。

多くの方と知り合い、教えられ、助けられ、何とか3期の任期を全うすることができた。「ありがとうと沢山言える人生は幸せだ」と言われる。この意味で、私も妻も本当に幸せだったのだ、と今改めて噛み締めるところだ。


退任してのち、少しだが時間の余裕もでき、これまでを振り返る機会を得た。

12年間の様々な取り組みを個別具体的に列挙しても、各々は早々に過去のものとなっていくだろう。だが、そうした取り組みは如何なる考えによるものだったのか、その考え方そのものは、取り組みの結果とともに一定時を超え、批判検討の対象として残り続ける。

これからも代を繋いで県政は続く。あの12年間では、こうした状況の下、こう考えたとの記録を残すことは、第17代、18代、19代高知県知事としての最後の仕事なのだと思う。

本稿は、高知新聞社から寄稿の依頼を受け執筆した新聞連載（「至誠通天の記」２０２０年3月〜4月）を大幅に加筆修正したものである。21回の新聞連載では紙幅が足りず、例えれば大きな骨組みしか述べることができなかった。本稿では、この連載の記述に、５つの基本政策や県政運営方針などに関し、一つ一つ重要だと思われる点を加えて、最終的には連載の約3倍の分量となった。ただ、個別の懸案事項などは紙幅の都合もあり十分に記述できていない。今後機会があれば、と考える次第だ。

県勢浮揚に向けて、無い知恵を絞って未熟な私が何を考えてきたのか。多くの方々の助けを得て、何を行おうと考えてきたのか。幹となる点はできる限り記したつもりだ。

皆様から様々なご指導を賜ることができれば、望外の喜びである。

目次

目　次

第3章　県経済の多面的発展を目指して

閑話休題　酒席と県政

第4章　防災対策 ― 命を守り暮らしを守る

第5章　福祉と教育―今と未来を見据えて

第1章

退路を断って
――知事選出馬

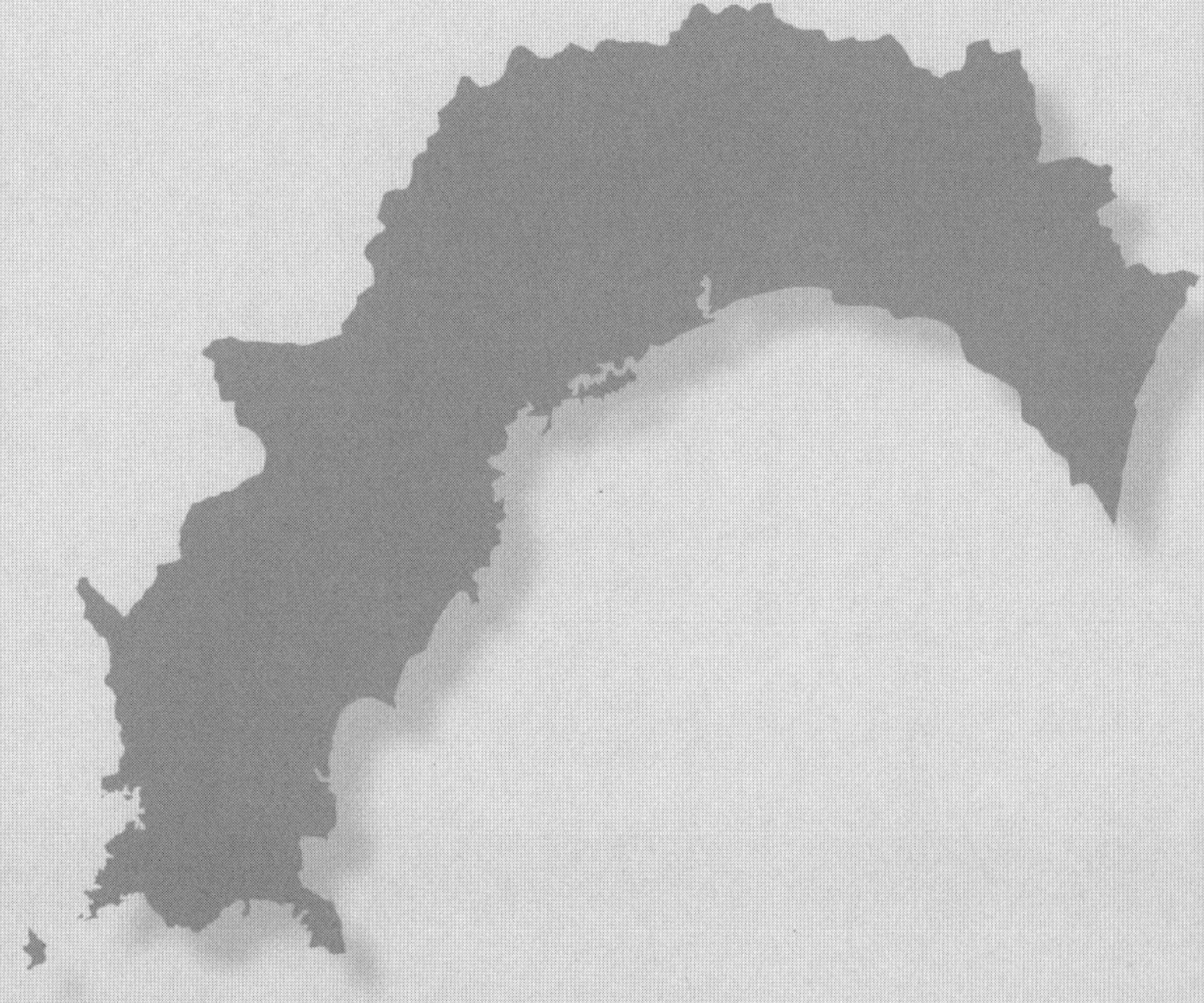

意気に感じて決断

「早う決めてくれんと。高知が心配やないがか。出てや！」

２００７年10月６日の昼前。東京の自宅でパソコンに向かっていた私の携帯電話に、県内の経営者の鬼気迫る声が響いた。

経営者３人の方々から「高知は大変。全力で応援するから」と知事選の出馬要請を受けたのは、その一週間前。それまでも県政界から複数のアプローチをいただいてはいたが、慣れぬ世界のことでもあり、若い自分には無理だろう、との思いだった。

しかし、３人の強烈な「押し」には正直面食らった。知り合ったばかりの方から、これほどの危機感をぶつけられるとは…。そして、この電話である。激烈な危機感あふれる訴えに、私も思わず答えてしまった。「そこまでおっしゃるなら、やりましょう」人生をかけた決断。本当に一瞬で、ある意味「意気に感じて」決めてしまった。

確かに私は20代までは政治家志望だった。だが当時は、財務省の仕事にやりがいも覚え、東京で住み続けるべく住宅ローンを組んでまだ数年だった。

妻子には申し訳ないことをした。

出馬を伝えた時の妻の動揺ぶりは忘れられない。文字通り泣き叫んで反対した。小４と幼稚園の幼い息子たちを心配しもしたであろう。もう断れる状況ではないのだ、と強行突破せざるを得なかった。

長男も後に事情を知り、ベッドに突っ伏して泣きだした。親が不安定な立場になるのを幼いなりに感じ取ったのだろう。「高知に行ったら子犬を飼おうね」と妻と2人で慰めたものだ。

◉覚悟の返信

実際にはそれからが大変だった。

知事選には有力政治家の出馬話が二度ほど浮上。知名度の高い候補に比べ、県内で無名の私が不利なのは誰の目にも明らかだった。故松尾徹人前高知市長の出馬話が出た際には、関係者から「厳しい。やっぱりやめるか？」と心配するメールをもらった。

しかし、いったん出馬すると宣言したのに、不利になったからやっぱりやめるというのでは、私は今後誰にも信用されなくなるだろう。そう腹を固めて「出ると言ったからには、何があろうとやります」と返信した。

迷わなかったと言ったら嘘になる。メールを返すまでに一時間ぐらい悩んだ。4年、いや8年。長い、長い浪人生活を覚悟した。軽々しい決断をしてしまった、と後悔もした。

この間、私の近くからささっと去っていった人も少なからずいた。一方、それでも応援してくれた多くの方々には、まさに心を支えられた。後日、松尾前市長には私の県政への思いを直接お話しした。若い私に後事を託してくださったのだろう。後々までご指導を賜る恩人となった。

◉ゲートを前に

財務省を退官して高知龍馬空港に降り立ったのは10月18日。投票日まで一か月と一週間という超短期決戦の始まりだった。

選挙戦を通じて知名度の低さに苦しんだが、多くの政界関係者のご尽力のおかげで、4党から推薦していただけたことは心強かった。まさに老壮青。多くの先生方に本当にお世話になった。

今でも到着ロビーを前に、トイレの鏡の前で深呼吸したことを思い出す。

「このゲートをくぐれば厳しい政界だ。もう平穏な暮らしは望めない」

極度の緊張の下、妻と共に、報道陣と出迎えにきてくれた方々であふれたロビーへとゲートをくぐった。

夫婦で選挙に挑む（2期目の出陣式から）

ゲートを境に

知事選出馬を目指して帰高し、高知龍馬空港のゲートを妻とくぐって13年と半年。あのゲートを境に私も妻も人生が変わった。公務員から政治家へ、組織の一員から個人としてのあり方が問われる世界へと、暮らしのみならず心持ちまで大きく変わったのだ。

◉初めての街頭演説

政治家にとっては当たり前だが、そうでなければ、まずしないことがある。

通りすがりの車に手を振りかけたり、道行く人にいきなり握手を求めたりすることだ。家族連れが行き交う商店街で、拡声器を使って大声をあげることもあまりないだろう。

帰高してから5日目、私もこれらに初挑戦した。今思えば、選挙戦を支えてくださった県議さんたちによる一種の教育プログラムに沿っていたのだろう。関係者への挨拶回りや朝礼でのご挨拶などを段々とこなし、ある程度政治活動を経験してから街頭に立った。

人生初の街頭演説は、大観光地たる「ひろめ市場」の前で行った。

「突然お騒がせいたします。私は、尾﨑正直と申します。高知で生まれ、高知で育ち、財務省で仕事をしておりました。衰退した高知をなんとかしたい、故郷をなんとかしたいとの思いで、このたび、高知に帰ってまいりました。東京での経験を生かして、若さを生かして、故郷のために全力で頑張ります。どうか皆様のお力を賜りますように、心から心からお願い申し上げます。どうもご清聴ありがとうございました。」

これでほぼ全てである。全文をここで記せるほど短い演説だったということだ。それを今も覚えているほど、事前に心の中で何度も繰り返していたということでもある。

無反応な聴衆をよそに、支援県議の皆さんは、大拍手とともに、上手い上手いと褒めてくれた。だが、これも当然に教育プログラムの一環であった。

ふと目をやると、ある古参の新聞記者が若い県議に何やら文句を言っている。「あれじゃあ、自己紹介じゃないか！演説はどこにいった？」。聞こえたのは一部だけだったが、誠に的確なコメントに身も縮む思いがした。

街頭で、向かってくる車に弱々しく手を振る。キョトンとした顔をされたり、プイと横をむかれたり。変な人、と思われているのだろう、と冷や汗が出た。恐る恐るお願いした握手を拒否された時など、心の中でグラスが砕け散る音が響いた。

人の選挙のお手伝いもする今となって思えば、「教官」の先生方も内心さぞ歯痒かったことだろう。改めて、当時のあの拍手の温かさを思う。

県庁交差点前で慣れぬ街頭演説

だが、慣れれば慣れるものだ。17日間の選挙戦も終盤となれば、全てがすっかり平気になっていた。むしろ、もっと握手しなければ、もっと手を振らなければ、と無我夢中になっていた。街頭演説も、最後まで説得力はいまいちだっただろうが、もっともっと長く、聴衆の目を見て語れるようになった。

不思議なものだ。そうなるにつれて、反応が温かくなってくる。車から手を振り返してくれた、振り返って握手してくれた、街頭で話に頷いてくれた、その数が増えたのに力を得て、次に……。こうして選挙戦を駆け抜けたのだ。

自ら動いて、人と触れ合って、心から訴えてこそ。政治家になっていくとは、こうしたことを会得していくことなのだ、とつくづく思ったものだ。

◉日曜の夜

公務員時代、私も日曜の夜が憂鬱だった。「サザエさん症候群」という言葉もある。エンディング曲が終わるとジワーとこみ上げてくる憂鬱感。

また明日から、朝から深夜までの激務が続く。体力は持つか、命ぜられたあの仕事は本当にできるのか、あの交渉はまとまるのか、等々。大組織の一員として「やらされる」仕事もたくさん抱えていたのだ。

知事になって、日曜の夜の憂鬱は全くなくなった。「やらされる」ことがなくなったからだ。サボっていても、部屋にはもう上司はいない。

だが、だからこそ「何をすべきか」、自ら必死に考えて決めねばならなかった。県庁組織のトップとして、自ら目標を設定し、解決策を模索し、実行し、責任を取らねばならない。上司はもう決めてくれないし、庇《かば》ってもくれないのだ。

だが、当然のこと知事にも上司がいる。県民である。

そして２００７年の知事選は、私にとって高知の厳しさを、故に「何をすべきか」を県民に教えていただく、厳しくも貴重な機会だったのだ。

県民の苦しみを知る

２００７年の知事選に出馬する直前、私は首相官邸で官房副長官の秘書官として勤務していた。副長官の下には内閣のあらゆる情報が集まる。おかげで私もさまざまな人や情報に接する機会を得たが、中でも驚いたのが高知の経済情勢だった。

◉そんなバカな！

２００７年当時、全国の有効求人倍率が一倍を超える状況が続き、官邸内にも、「失われた20年を脱した」という明るいムードが漂い始めていた。しかし、副長官への四国四県議長会の要望の席で、私は高知の議長さんの訴えに耳を疑った。

「高知の有効求人倍率は０・45程度でしかないんですよ。地方の停滞にもっと目を向けて。」

そんなバカな！との思いでデータを調べると、全国の好況に全くついていけず、一人低迷する高知の姿が明らかになった。故郷の苦しみに気付かなかったことを申し訳なく思うとともに、中央官庁は地方のことを本当にわかっているのか、という疑問を抱いた。

地方出身を自負する私は、地方の話にはアンテナを立ててきたつもりだった。しかし、少なくとも自分が知る範囲では、高知の苦しみは霞ヶ関でさしたる話題になっていなかった。さらに言えば、三位一体の改革に象徴されるように「地方は国よりも余裕がある」と見る向きも多く、地方の窮状をどれだけ把握できているのかも疑問だ、と思った。

そこで、霞ヶ関職員と地方職員とで勉強会をつくろう、まずは高知関係者でやろうと、在京の同級生の県庁職員と相談して２００７年に設立したのが「なぶら会」である。

これは、地方のことを霞ヶ関が学ぶための勉強会だった。高知の財政課長に上京してもらい、厳しい懐具合を高知出身の霞ヶ関職員に説明してもらったりした。私は、高知関係者でまず成功させ、次は霞ヶ関全域に広げるつもりだった。

結局、期せずしてその秋に私が知事選挙に出馬することとなったため、この構想は頓挫したが、この間抱いた問題意識は、知事選出馬の政策的な動機となったし、また、知事選を通じて、その正しさを深く認識していくこととなる。

◉真剣にやってよ！

知事選の期間中、県民から数々の厳しいご意見をいただいた。

高齢の女性に両手で手首を握られて、「あんたほんまに大変ぞね。何とかしてよ。真剣にやってよ」と訴えられたあの時の涙が忘れられない。

「夫は仕事がなく、雪国でもないのに出稼ぎに出てます。何でこんなことに」事務所で政策パネルを横目に語る女性の目は悲しみに沈んでいた。

「若者が集まっては町を出ていく相談ばかり」との話、「高知はもう良くならん。良くするなんて訴えん方が利口よ」とのアドバイス…。低迷する経済指標の背後には、こうした県民の苦しみと諦めがあった。

本当に、本当に大変だと思った。そして、焦りとともに、本当に知恵を出せるか不安にもなったものだ。

選挙戦を通じて私の若さも大変心配された。今でこそ珍しくないが、当時は40歳で、当選すれば全国の知事で最年少。「あんた大丈夫？」とどれだけ言われたことか。一方で「つろうても負けたらいかんぞね」と母のような言葉をかけてくださった方もいた。

11月25日、17万８１０９票、厳しい戦いを経て得票率約６割で当選させていただいた。知名度もなく、若さも心配された私が当選できたのは、ひとえに選挙戦を支えてくださった支援者、政党関係者の方々のおかげだ。

ビールケースに立って（大豊町西峰にて）

選挙戦での焦り

知事選を通じて「若さ」と「知名度不足」の二つに苦しめられたが、私には、もうひとつ大きなハンディがあった。「財務官僚出身」ということだ。

「三位一体改革で地方を、高知を苦しめた財務省」「公共事業を削減し続けた財務省」などなど。「地方をいじめたくて、あえていじめたのか」とまで言われたこともあった。

財務省主導の超緊縮路線の評判の悪さは、想像をはるかに超えていた。当時盛り上がり始めた官僚批判と相まって、保革を問わず、医療から農業まで分野を超えてなされる批判に、私は、困惑し、時に落ち込んだ。

私が国家公務員として勤務したのは約17年間。この間、財政再建目標の立案、公務員制度改革、治安関係予算、国土交通省関係予算、財政投融資編成など、国の予算編成業務などを通じて、さまざまな行政分野に関わってきた。

総理官邸で官房副長官秘書官として勤務する中で、内閣の内政面全般の情報に触れる機会も得た。この間私は、予算を削ればいいとしてきたわけではなく、むしろ新しい制度を作ることが得意だと自負していたし、行政面での知識、考え方、人脈にもある程度自信はあった。

ことの連続だったのだ。

だが、選挙戦は「高知の民意とずれた霞ヶ関の公務員の感覚では、知事として通用しない」と実感する

◉体重計にのって

知事選の17日間、県内を回って要所要所で演説をしたが、離れて久しいこともあり、随分と恥ずかしい体験もした。須崎で特産品を語る際、ミョウガと生姜を間違えて怒られたり、梼原で木質バイオマス活用の可能性を得意がって紹介したはいいが、梼原こそが先進地であることを後に知って赤面したり。

その間、私はほぼ毎日5食は食べていた。朝から肉類を中心にがっつり食べ、昼前には空腹に耐え難くなって車中でおにぎりなどを食べ、昼は短時間でとんかつ定食など力の付くものを食べ、更に、夕方演説会場に入る前にサンドイッチを二つ食べ、最後に家で晩ご飯を普通に食べる。

朝から景気付けにとステーキを食べたこともある。しかも、選挙カーの中では、体力維持のため、チョコやみかん、のど飴などをたびたび頬張っていた。

選挙も終わりに近づいたころ、さぞや太っただろうとこわごわ体重計に乗って驚いた。なんと5キロも痩せていたのだ。

確かに運動量も多かったし、顔は痩せていた。車高の高い選挙カーから飛び降りて、走って、握手して、演説して、また、選挙カーに飛び乗って、を朝から晩まで。11月の梼原の寒さに無防備で、宿泊中に風邪をひいて、一切声が出なくなったりと、体の負荷も大きかった。

だが、「自分は、十分な答えを持ち合わせていない」ことに気づかされ続けたことのストレスが一番大

きかった。「本当に大変ぞね」との訴えにも、「何でこんなことに」との悲しみにも、納得の得られる答えを示せなかったのだ。

霞ヶ関時代の経験から、国の関連政策を示したり、他県の良い例を語ったりしても反応は悪い。一番反応が良かったのは、東京のスーパーでは、馬路村のゆずポン酢が高くても質が良いので売れている、こんな取り組みを若さを生かしてもっともっと広げたい、という話であった。

若さとやる気をアピールし、具体策を十分に提示できないことを大目に見てもらう日々が続いたのだ。

◉道を開く

「演説しても、納得してもらえていない」という感覚はキツい。半信半疑で呆れ気味の聴衆の顔を正視できず、逃げ出したくなったことも何度もある。それでも「必ずや答えを見つける。腰を据えて本格的な検討を重ねれば必ず見つかる」と自分を励まし続けた。

私は選挙戦を通じて、「霞ヶ関時代の感覚から卒業する」必要を痛感した。そして、公務員ではなく政治家として、この県民の危機感に応える新たな道を切り開くことこそが

初登庁時、花束をいただく

求められているのだと、実感を持って学んだ。

２００７年12月７日の初登庁日。多くの県職員が出迎えてくれ、玄関ホールでは大きな花束もいただいた。やるぞ、という気持ちも大きかったが、不安も同じくらい大きかったというのが正直なところだ。

県民もさぞ不安であられたろう。県の苦境を脱するにふさわしいプランを持ち合わせているようにも見えない、全国最年少知事の誕生だったのだから。

尾﨑県政スタート――至誠通天の県政へ

知事在任中、大きな固まりとして「県民の声」が聞こえるように感じたことが幾度かあった。2007年12月12日、県政策企画部長だった十河清さんを副知事候補として議案提出、との報道が出た時が最初だ。あの時は、県民の「おお、ほっとした」という声が本当に聞こえた気がした。40歳という若さを懸念された私である。県行政に精通し、庁内外に分厚いネットワークを持った十河副知事誕生は、県民にとってこの上ない安心材料だったろう。

十河さんは、県政スタート時の不安定な時期に、若く未熟な私を親身になって支えてくださった。十河さんが庁内をしっかりまとめてくれたからこそ、私も時に職員と格闘もし、思う存分政策立案に邁進できた。誠に県政の恩人である。

◉対話と実行

私の座右の銘は「至誠通天」だ。誠を尽くせば、願いは天に通ず。孟子の言葉を、吉田松陰先生が門下生に説いたことで知られる。

ただ、この言葉を私は次のようにも受け止めている。天にも通じることとなるまで誠を尽くせ、すなわち、世の中を動かすこととなるまで、誠を持って取り組み続けろ、と。

選挙を通じて、私は高知の厳しさを知った。そして、就任後始めた「対話と実行座談会」で、さらに多くを学ばせてもらった。

２００８年度に全34市町村で行った座談会には、それぞれ地域を代表する10人前後の方々に出席いただいた。毎回、私から県政全般について説明した後、各出席者から意見表明してもらい、個別に意見交換した。傍聴者の質問も受け、全体で4時間を超えたこともある。

対話を通じて県民からいただいた知恵を実行につなげるという「対話と実行」のスローガンそのままに、地域地域の厳しさを学ばせてもらったし、解決策のヒントも時としていただいた。

ただ、会を重ねるにつれ実感したのは、厳しさに対応した県の施策に不満な人がかなりいる、ということだった。実際、職員が準備してくれた「答案」を答えても、相手の納得がなかなか得られないことが多かったのである。

◉いられ、短気

尾崎県政の12年間を振り返る「高知新聞」の特集記事では「いられ」「短気」と散々書かれた。人並みに笑いもするのに、いつも怒っているかのような記述には正直閉口した。

ただ、就任後1、2年は確かに私はよく怒っていた。県民との対話から得た問題意識を県庁で述べても、話がかみ合わないことが多々あったのだ。

長い役人生活のお陰で、私はいわゆる役人言葉に通じている。「問題意識は持っているが財政が厳しい。

できることは既にやっています。」といった答弁は要注意だ。

「厳しい財政事情」という言葉は、時に免罪符となる。お金が無いなら知恵を出さねば潰れる民間と異なり、役所に倒産はない。県庁は財政事情を隠れみのにしてないか、との疑いをたびたび持った。

さらには、そもそも県の政策によって高知の窮状を救うなど無理だ、せめて無策批判だけは避けよう、という空気が支配的であるようにも感じられた。もちろん誠意あふれる熱い職員も数多くいたのだが。

私はこの空気を変えたかった。高知の窮状に応じた政策を作り、窮状を脱するまで徹底する。こうした「至誠通天の県政」を実現すべく、十河さんの助けを借りて県庁職員と大議論を始めた。それが2008年度を通じた産業振興計画の立案である。

民意と県庁

「至誠通天の県政」の実現に向けて、知事1期目の最大のパートナーだった十河清さん。実は、副知事就任を引き受けてくださるかどうか自信がなかった。十河さん自身が知事候補と目された方だ。橋本元知事から後継者として指名され、それを固辞された経緯もあった。知事選出馬を断ったからには、新しい県政とは一線を画すのでは、との憶測もあり、私も不安を覚えていた。

しかし、県政をスムーズにスタートさせるためにも、「若さ」と「財務官僚」に対する県民の不安を少しでも取り除かねばならなかった。さらに、市町村との関係構築、庁内の掌握という観点からも、「県政のベテラン」である十河さんの力を是非ともお借りしたかったのだ。

ある夜、二人きりの一席で私は必死の思いで十河さんにお願いをした。「若造の私を助けてください」。強張った顔をした私に、穏やかな顔で十河さんは答えてくれた。「お引き受けしましょう。あなたとならやれる気がする」。

心底ほっとした、その時が県政の真のスタートだった。

首長が変わると、新しい行政の実現のために、外部から全く新たなスタッフを連れてくる場合もある。しかし、あの時点の高知では、庁内から最も人望のある方に補佐役をお願いすることが最善であった。

もしあそこで断られていたら、県政はスタート時点から躓《つまず》くところであった。改めて十河さんには深く感謝申し上げたい。

◉慣性の法則

就任後1、2年の間、よく怒っていたころの話を少し付け加えたい。県庁職員と民意とのズレに直面した私は、改めて政と官との違い、そして、官に向き合う政治の重要性を考えさせられたのだ。官は、計画性をもって着実に仕事をこなすことにその特性がある。これはこれで極めて大事なことだ。だが、一旦やることを定めるとそれが一種の「慣性の法則」を発揮し、着実に同じ路線を歩み続けることになってしまう。そして、それは時に、民意との乖離をうむ。

他方、政治は民意を敏感に察し、スピード感をもってこれを行政に反映させることにその役目がある。特に、これまでの方向性を転換し、新たな道を切り開く必要がある時、その重要性は高まる。

就任早々、私が県庁でなそうとしたことは、当時の「今の民意」を県行政に反映させることだった。繰り返すが、当時の民意は「高知は危機的。何とかせねば」というものだった。「全国は好景気でも、高知は全く上向かない」という当時の状況は、後に経済データを分析しても確かに大変であった。

◉手練手管

しかし就任後、県庁内で私が選挙戦や「対話と実行座談会」で感じた県民の危機感を踏まえ、早急な対応策の必要性を述べても、県職員にノラリクラリとやりすごされている、と感じることが多々あったのだ。

就任当初、若いから老練な県庁職員たちに騙されないように、と忠告してくれた方がたくさんいたが、私はそちらには自信がある。政治家の言うことを、メンツを立てながらも上手くサボタージュするのは役人の世界ではよくあることだ。15年以上も前のことではあるが、私はその手練手管を霞ヶ関でいやというほど見てきた。

だから、「問題意識は持っているが財政が厳しい。できることは既にやっています」といった役人言葉には騙されない自信が私にはあった。実効性のあることを「やっていない」ことが、鼻にツンとくる感覚でわかったのだ。

だがそれだけに、そうした答えで良しとする感覚には腹が立った。もちろん、大いに危機感を抱く傑物も本当にたくさんいた。だが、その思いが組織的に政策として実現されていないように私には思えたのである。

個々の県庁職員の問題ではない。本当の問題は、より根本的な、当時の県庁の「慣性の法則」に関わるところにあった。危機に直面して、それに対処しようとする構えが当時の県庁にはなかった。なぜそうだったか。答えは明確である。「行政改革と財政再建路線」である。

行革と財政再建——創造か破壊か

首長の任期は4年間。首長となった限りは、誰でも、自分なりのテーマを掲げて、その限られた期間内に一定の成果を上げることを目指す。そして、全国の自治体でよく取り上げられるテーマが「行政改革と財政再建」だ。

厳しい財政状況の中で、多くの自治体が取り組むべき重要な課題であろう。また、旧弊に立ち向かって戦うイメージもあり、また、結果もわかりやすいのだが、私は、二つの点には要注意だと思ってきた。私は「行政改革と財政再建」の権化のような財務省の出身。だからこそ、その副作用もよく知っているつもりだ。

第一は、単なる「破壊」で終わる危険だ。「行政改革と財政再建」は、往々にして、行政のスリム化と歳出削減、則ち仕事を止めることで成し遂げられる。注意しなければならないのは、止めるだけではすまない場合だ。これに対する答えがなくては、単なる責任放棄となりかねない。

第二は、職員が仕事を止めることに慣れてしまうことだ。「行革と財政再建」が始まったばかりのころには、職員たちは自分の仕事を奪われると抵抗するだろう。権限獲得を手柄と捉える公務員文化の中では、出世に関わると考える職員もいるはずだ。

だが、仕事が減っても役所が倒産するわけでもなく、給料も変わらない。そして、時が経つとともに、「行政改革と財政再建」が仕事をしない免罪符となることに気付く。どのような要望にも「財政再建中なので難しい」と答えれば許される、という空気が蔓延すれば、その行政はもはや民意から決定的に離れてしまう。

◉どちらの道か

行政には二つの選択肢がある。破壊系か創造系かの二つである。

行政のスリム化と歳出削減などの破壊系は派手で何らかの成果を得やすい。要は仕事を止めればいいのだから、目標もやり方も明白だし、必ず何かを成し遂げられるものでもある。だが、既得権者の激しい抵抗と闘う必要がある場合や、必要不可欠な代替案を見つけ難い場合には大変だ。併せて、先に述べた二つの副作用には大いに注意を要する。

他方で、創造系の場合は、「地方創生」などが典型なように、往々にして地道な努力の積み重ねを必要とし、結果を出すのに時間がかかるうえに地味だ。定めるべき目標もやり方も、頭をひねって考え出さなくてはならないし、考えついたとしても、それが結果につながるかわからない。

程度の問題ではあるが、どちらに重きを置くかは、言うまでもなく、その行政を取り巻く時々の状況によって異なるだろう。

民間経済に力があり、肥大した官が邪魔になっているような場合には、破壊系を主とすることになろう。官の領域を縮小し、併せて、税金など公的負担を軽減し、という方向性だ。

財政破綻の足音が迫って来ているのなら「財政再建」中心となるのは当然だ。三位一体の改革の後の本県にとって、これは必要なことであったろう。私の任期の半ば前には、本県の財政状況も好転し始めたが、これは政策提言を通じた財源獲得の取り組みが功を奏したからでもあるが、併せて、橋本県政下で財政再建の取り組みをスタートしていたおかげでもある。

だが、衰退した地方をなんとかすることが求められているのなら、財政上の制約はあっても、できる限り政治は創造系の役目を果たすべきだ。旧弊は取り除かなくてはならないだろうが、その上で、地域が栄えるための何かを考えだし、そして、それを実行していかなければならない。

◉危機感ゆえに

当時の高知の民意が求めたのは明らかに後者だ。全国の好況にも関わらずひとり低迷し続けるという極めて厳しい経済状況の中で県政はこれを何とかすべきだとの声は大きかった。故に私も、選挙戦を通じて「県勢浮揚」という創造系の公約を掲げたのだ。

だが、当時の県庁は、三位一体改革の余波を受け、長らく破壊系の「行政改革と財政再建」をメインテーマとしていた。これは、当時の県財政のニーズに沿ったものではあったろう。しかし、財政の制約はあろうとも、県経済、いや、県民のニーズに照らせば、仕事をやめることを主とする流れを変え、できる限り前向きな展開を模索すべき時が来ていたのだ。

けれども、先述の副作用も既に表れ始め、県政は従来の流れを変えられずにいた。

根本的な問題はここにあった。厳しい財政状況の中にあってもできる限り県政のベクトルを転換すべき時期だったのだ。そして、十河さんが庁内を抑えてくれることに頼りながら、この就任当初の大仕事を果たそうと、覚悟を決めて大奮闘したのだ。

正直に告白すれば、当時、破壊系から創造系への路線転換に成算があったわけではない。当時の私も創造系の行政を展開することの難しさは、よくよく承知していた。できないかもしれない目標を掲げるよりも、「県勢浮揚のために、まずは無駄の削減を！」と、必ず何かは達成できる行革系の目標を掲げるという道もあり得た。

しかし、知事選前後に多くの県民に接して、それは無理だと思った。そして、度胸一発でこの路線を決めた。政治の原動力たる民意の危機感。私もまた、これに突き動かされたのだ。

第2章

産業振興計画
——「地産外商」への大転換

職員の認識を変える

実質的な就任初年度の２００８年度は、産業振興計画の策定に没頭したが、正直なところ難渋を極めた。各部局からは既存施策の焼き直しのようなプランしか出てこない。中には、もともとある計画の文字を縦から横に変えたようなものも。12年間で一番腹が立った出来事だった。

一方、当時の部局長たちも随分と私に腹を立てたはずだ。「もっと効果の上がるものを」「もっとスピード感を」とガミガミ言う私に対し、「何を無茶な」「若いくせに偉そうに」とさまざまな苦情が副知事の十河さんに寄せられたようだ。

未熟ゆえに多くの方に迷惑をかけてしまった。しかし、就任早々の私にとって、絶対に引くことのできない勝負でもあった。

◉ギャップ

結論から言えば、必要なことは、基本認識のギャップを埋めることであった。前向きな展開へと方向転換すべきか否か、そして転換したとしても、果たして県庁の施策で県経済全体の活性化をもたらすことができるか否か、についての認識のギャップである。

先述のとおり、財政再建路線が長く続いた影響は大きかった。怒られるかもしれないが、当時の県庁は、一部の傑物を除いて「そんなことは無理だ」との空気が支配的だと私には思えた。多くの施策が「せめて個別のプロジェクトの成功を目指そう」という方針で展開されているようにも見えた。

しかし、本気で経済全体の活性化を目指そうとすれば、おのずと考え方も規模感も全く変わってくる。私は、２００８年度を通じて、以下の３点を庁内に徹底し続けた。

第一に、産振計画は本気で県経済の活性を目指すものとすること。第二に、そのために官民協働、市町村政との連携協調を基本とすること。第三に、このために十分な質と規模感を持った施策を講じること—である。

県経済全体に効果をもたらそうとすれば、官の領域をできるだけ限定しようとする財政再建重視の発想ではダメだ。

高知のように状況が厳しい地域では、官は経済活動の主体となる民の取り組みを効果的に応援しなければならず、職員の伴走支援に加え、時に財政支援も必要だ。地域の活性化に取り組む市町村の後押しも必要である。

他方で、こうした方針を貫けば、失敗のリスクも当然大

初登庁の日に職員訓示

きくなる。大胆にチャレンジするのはいいが、失敗したらどうする、との心配は庁内でも大きかった。

この心配は全ての行動を萎縮させる。だから、責任は知事である私にあるということを明確にする必要があった。産業振興推進本部の本部長に私自らが就任したのはこのためである。リスク回避のために副知事に任せたら、とのアドバイスももらったが、それではダメだと腹を固めた。

◉同志との出会い

官民協働を徹底するため、計画策定段階から、産業界、学会の参画を賜った。産業振興計画策定委員会を2008年6月に立ち上げ、委員には農林水産、商工、観光など各界の重鎮に就任していただいた。知恵をもらいたいとの思いとともに、実行段階におけるコミットメントを期待したものでもあった。

委員長には高知大学副学長の受田浩之教授に就任していただいた。教授からは、食品加工額を農業産出額で割った値が高知は全国最低レベル、すなわち加工して付加価値を付ける取り組みを高知は最もしてこなかった県だ、と伺い、感銘を受けた経緯があった。

他県に比して比較優位のある一次産業を基幹として関連産業への波及効果を狙うことを考えていた私にとって、まさに同志との出会いであった。

官の関わり方

庁内の協議で、各界の重鎮の皆さんから産業振興計画策定委員会の委員就任の了解を得たと聞いた時、私は心底ホッとした。官民協働の取り組みのスタート地点に立てた、と思ったのだ。

だが、思いがけないことに、その人選を発表した際、一部から、「地味だ」とか「これでは何も変わらない」とか、かなり批判的なコメントをいただいた。県外では、改革派の知識人主導の派手なプランがもてはやされた時代でもあった。各分野のこれまでの代表ばかりでは、何も変わらないではないか、というのである。

確かに、もともとの経済全体に相当の地力があるのであれば、活性化策として、派手な「新しい何か」を付け加えるというのは一つの戦略だろう。

しかし、農林水産、商工、観光と、各分野がそれぞれ根本から課題を抱えているという状況では、それでは足りない。現状を一から見つめ直して、まずは傷を癒し、その上で、先を見据えた活性化策を講じなくてはならない。言うまでもなく、その主役は各分野のプレーヤー自身だ。地味なのかもしれないが、各界のプレーヤーの皆様に計画策定段階から参加していただくことが最適だと当時は考えたのだ。

このように、産業振興計画については、その策定のスタート段階からさまざまな議論を呼んだ。「大変だな」と正直思ったが、関心度の高さは、危機感の裏返しでもあった。

◉メリハリをつけて

計画の策定にあたって、県経済への官としての関わり方をどうするか、という点も根本的な議論を呼んだ。財政再建中心主義から、前向きな展開へと方向転換するにしても、やはり、財政や職員数の制約は大きかった。一方で、お金は無いが、無策批判は避けたいと考え、それぞれの分野に満遍なく少しずつ施策を投じるといった、ありがちな誤りは避けねばならない。これでは、全てにおいて施策が過小となり、投入された予算は全て無駄になる。私は、これを「大海に目薬一滴」と称して強く戒めた。

だが、メリハリをつけて対応するにしても、どうすべきかが問題だった。

やや理屈っぽい話となるが、考えるべき軸は二つある。広く関わるか狭く関わるか。また、直接的に関わるか間接的に関わるかである。

広く直接的に官主導で産業振興を図るやり方は、大規模な財政出動を要する。共産国家の計画経済に見られたように、非効率に陥る危険もあるだろう。

より間接的なやり方として、税制や規制改革などによって、一定の方向へのインセンティブ付けを試みたり、特区によって新産業の育成を図るといったやり方は、民間経済に一定の勢いがあれば有効だろう。狭いか広いかは、時々の選択による。

民間経済に勢いがなければ、より直接的な支援策が必要だが、自治体レベルでは体力に限界があるため、ツボをついた対策が求められる。これが直接的、かつ、狭く関わるやり方であり、結論から言えば、本県が採った方式である。

◉自ら考えてこそ

因みに、単純な以上の考察からも、地方分権の必要性がよく分かる。直接か間接か、広いか狭いか、どの領域を選ぶかは、それぞれの地方の置かれた状況によって異なる。さらに、ツボが何か、は地域によってさまざまだろう。

後年の話となるが、２０１４年、国は「地方創生」策の一環として、「まち・ひと・しごと創生総合戦略」の策定に取り掛かった。その際、霞ケ関時代の親しい先輩がその担当となったこともあり、高知県にもいろいろと参考意見を求められた。

私や担当部長が上京して、産業振興計画の構造を詳しく説明し、いろいろとアドバイスもしたが、その中で特に強調したのは、「地方が自由に施策を考え、国がそれを後押しする」という方向が重要だということである。

従来は、国がプランを考え、それをやりたいと手を挙げた地方を補助金などで支援するという施策が多かった。だが、この総合戦略では、地方が自らプランを考え、国が審査の上で支援するというやり方をある程度取り入れている。

国が審査、というのは「上から目線だ」との批判も地方から出た。だが、地方ごとに事情が異なるのに、国が一律にプランを考えても「帯に短し襷《たすき》に長し」となりかねない。地方が自ら、自らの行く道を考え出さなければならないのだ。

高知も自らの道を必死で模索した。どのような方向性で、どこにツボを求めるか。各分野のプレーヤーの方々とともに、試行錯誤を重ねた。そして見つけた答えが「地産外商」なのである。

地産外商への大転換

産業振興計画の策定過程では、従来の「企業誘致」重視から「地産外商」重視へと、基本戦略を大転換した。

この地産外商戦略は、二つの要素からなる。第一は「地産」の強化、すなわち地場産業の育成だ。大多数の県が取り組む企業誘致だが、これには向き、不向きがある。大都市近郊であれば私も企業誘致中心でいく。しかし、高知は交通の便、災害リスクなどから、コンテンツ系などの例外を除き、必ずしも向いているとは言えない。もちろん企業誘致を諦めはしないが、それ以外の柱が必要だった。

また「地場産業の振興にもっと力を」との声は、県民との対話でも多く聞かれた。このため、産振計画では、無い物ねだりをせず、持てる強みを生かすことを基本とした。

具体的には、生産性日本一の園芸農業などの一次産業に加え、食品加工、観光、もの作りなどの関連産業を重点的に支援し、強みを生かしつつ波及効果を広くもたらすことを目指した。

第二は「外商」の強化である。

全国に先駆けて人口減少が進んだ本県は2000年ごろから人口減に伴い経済も縮む状況に陥った。同年から2008年にかけて経済は1割以上縮んだし、人が減り仕事も減る結果として、全国の有効求人倍率が1・0を超えても、高知は0・5前後で低迷し続けた。

縮小傾向にある県内に閉じこもっていてはジリ貧である。ゆえに、「地産地消」の徹底に加えて、外に打って出て外貨を稼ぐ「外商」の推進を戦略の柱に据えた。

因みに「地産外商」という言葉は、就任早々、西土佐で鹿のジャーキーの売り込みにトライしていた「山間屋」の中脇裕美さんから伺ったものだ。後に県民運動にするために分かりやすい言葉を模索する中、その言葉を思い出し、使わせていただいた。

◉「できるのか？」

地産外商を進めるための課題は事業者によって異なる。その多くに対応できてこそ、県全域に地産外商は広まるとの思いで、支援策の検討を重ねた。

ターゲットを絞り、製品を磨き上げ、販路を開拓する――。そんなマーケティングの各工程に対応した施策を考え、アドバイザー派遣から営業支援まで、それぞれ取り揃えようとした。中でも、販路開拓支援などを中心的に担う地産外商公社の設立が目玉であった。

残念ながら、地産外商戦略は当初不評だった。「拠点もない県外では無理」「輸送費が高くもうけは出ない」「東京で勝てる商品は作れない」など県民から数々の批判を受けた。川上の商品づくりから、川下の販路開拓まで課題の多さに気持ちがふさいだものだ。

結果として、そうした数々のご意見に鍛えられた。その全てに向き合う覚悟で支援策を積み重ねていった。

例えば、トマトの加工場で、食品表示が難点でスーパーに置けないと伺ったことを受けて、すぐさま研修制度を作ったこともあった。

職員が本当に頑張ってくれた。川上から川下までの各工程における施策を一つひとつ積み重ね、地産外商戦略が具体化されていったのだ。

◉基本形

川上、川中、川下全てに、との方針は、後々まで産振計画を貫く基本形となった。全体像を捉えず、部分的な対処策をとっても効果は上がらない。川中が詰まっているのに、川上を強化しても害をなすだけだ。全体像を見て、ボトルネックを取り除き、全体の牽引役を育て、好循環を生み出す。全ての分野でこの考え方を基本として戦略を組み立てていったのである。

第１期産業振興計画検討委員会に臨む

戦略の柱その1――地産外商戦略とはなにか

産業振興計画では、核となる地産外商戦略を全ての産業分野で策定した。これまでと重複する点もあるが、その策定に当たって、全分野で貫いた３つの基本的な考え方を述べたい。

◉2種類のツボ

第一は、各産業分野において、産業全般の底上げを目指した「産業成長戦略」の立案にあたっての考え方だ。

産業振興計画では全ての産業分野において、地産外商に関わるシステムの全体像を把握したうえで、その川上（生産）、川中（加工）、川下（販売）の各段階の課題を分析し、どこにボトルネックがあるか、何が牽引役となり得るか、と「2種類のツボ」を見極めるよう努めた。

前者を改善し、後者を伸ばすことにより、システム全体として「拡大再生産の好循環」をもたらすことを目指したのだ。

どこがツボかは、産業ごとに異なる。例えば、木材産業分野では、当時、川中の木材加工の規模が、川上の素材生産の潜在力に比べて狭小であった。このため、企業誘致も含めて加工工程の拡大に力を注いだ。

また、川下では、全体の牽引役として非住宅の木造化促進が重要であった。この二つによって、素材生産から加工品の販売まで、木材産業全体の循環を拡大できる、と考えたのだ。

第二は、個々の事業者に対する支援策立案にあたっての考え方だ。商品企画が課題、設備が課題、県外での販路開拓が課題と、事業者によって抱える課題はさまざまである。商品の特性やターゲットの絞り方など「選択と集中」の仕方も事業者によってそれぞれ異なるだろう。各々の事情を抱える各々の事業者の多様な政策ニーズにできるだけ多く応えられてこそ、県全体として地産外商が進む。

このため、川上、川中、川下、それぞれの段階において、事業者のニーズにできるだけ沿った支援策を取り揃えるよう努めた。特に多数の事業者を相手にする分野ではこの点が重要だった。

だが、「ニーズにできるだけ沿って」といっても、予算や人員の制約もある。したがって、ここでも同じくツボが重要となった。分かりにくい場合も多かったが、川上、川中、川下の各段階で、ボトルネックと牽引役という2つのツボ探しを徹底したのだ。

例えば、食品加工分野では、川上では商品企画支援や事業戦略策定支援が、川中では衛生基準を満たした設備投資支援、そして川下では地産外商公社による営業支援が肝となった。

それぞれの段階で何がツボかを見極めるためにも、事業者の声を伺うことが大事であった。県職員は頑張ってくれた。お話を聞いて、それに応えることを繰り返す中で、県としての役割が徐々に明確になっていったのだ。

言うまでもないが、これらのツボは、施策が実行されるにつれ、また、環境の変化に伴って変わっていく。

例えば、第一の木材産業の例では、加工工程が強くなるにつれて、むしろ山側における素材生産の生産性向上が焦点となっていった。

こうした時々のニーズを掴んでいくためにも、官民協働の体制をとることが重要であったのだ。

◉民間自らが

第三は、一見すると第二と矛盾するようだが、あくまで民間主体というスタンスを貫いたことだ。

私が就任した当時、県産品の県外への売り込みを担う県関連の組織として、商品計画機構があった。同機構は、県内業者からこれという食品や特産品などを自ら買い上げ、県外に販売していた。県の信用力も背景に県外大手とも自ら取引口座を開設し、サンゴなどの産品を最盛期には10億円弱、後に私の就任時には6億円ほどは売り込んでいた組織だ。

だが、県内事業者が県外事業者と自ら取引するのでなければ、本当の意味での地産外商とはならない。お互いの信頼関係が結ばれ、次の、そのまた次の取引へと繋がっていくのでなければ、経済効果は限られたものとなってしまう。県の役割は、あくまで県内事業者が自ら行うマーケティングを、側面からサポートするものであるべきだ。当時は、こうした考えであった。

このため、大きく飛躍するために、あえて後ろに下がるという思いで、この商品計画機構を閉鎖し、新たに地産外商公社を設立することとした。地産外商公社は同行営業を行ったり、商談会の場を設定し、後追いのサポートをしたりはするが、自ら買い上げることはしない。「公社はサポート役で、主役はあくまで民間事業者」だと徹底したのだ。

地産外商公社がお手伝いして成約した件数や金額は、設立3年目の2011年には1327件、3・41億円であったものが、19年には9896件、46・38億円にまで拡大している。これらは公社のサポートがあったとはいえ、全て事業者自らが結んだ契約だ。そして、これらの契約を契機に、事業者自らが新たな取引を拡大していったはずだ。

商品計画機構を廃止した際には、取引事業者の皆様から大変厳しいお叱りを受けた。唐突感もあり、確かに申し訳ないことであったが、地産外商を本格展開するために必要な措置であったと思っている。

ものづくりやサービス業の地産外商である観光など、他の分野でも基本的に同じ考えを貫いた。経済の担い手となる民間の皆様に対して、様々な施策を講じはするが、官はあくまでサポート役に徹する、というやり方を徹底したのだ。

戦略の柱その２――中山間地域をどう生かすか

計画作りにあたっては、「地産外商」という戦略の柱を打ちたてたうえでなお、もう一つの大きな山があった。中山間地域にどう向き合うかである。

中山間こそ高知の強みの源泉である。高知にはいわゆる大都会はない。だが、高知の自然と、それに由来する人の魅力や産物には、東京など大都市にはない特有の強みがある。

政策効果の早期発現をもくろむ効率重視の観点からは、この中山間重視の考え方に否定的な意見もあった。しかし、中山間地域を軽視しては高知の強みを失いかねない。

短期的な効率性を犠牲にしても、本来の強みを生かすことが中長期的な発展に資する、と方針を定めた。

◉価値観の転換

私は高知市で生まれ育ち、大学進学後は東京や外国で暮らした。このため、就任当初、中山間の暮らしについて、目からうろこが落ちる思いをたびたびした。

「対話と実行座談会」を通じて、地域の状況は厳しくとも、そこで暮らし続けたいと願う住民の思いの強さを実感した。２０１１年度の世論調査でも、中山間に住み続けたいと望む住民の割合は76・７％に達している。

併せて、中山間に新たな価値観が生まれつつあることも知った。

私の母は四万十川流域の育ちだ。子どものころ、大人たちは沈下橋を不便がっていた。だが、これこそが最高の観光資源だ、とする発想の大転換には、拍手喝采の思いだった。

小学校では「高知は平野の割合が全国最低。だからダメなのだ」と習った。しかし、逆に全国一の森林面積率84％をブランド化する「84プロジェクト」が立ち上がったことを知った。

多くの教えを受け、厳しくとも中山間を生かす道を採る、との覚悟を固めていったのだ。

◉「何百と」

問題は具体策だ。

産振計画では中山間由来の一次産業に重きを置くこととしていた。ただ、経済効果を各地にもたらすには、地域に根ざした地産外商事業が多数必要だった。このため、市町村ごとに複数の「地域アクションプラン」を立ち上げようと試みた。

この構想を職員に相談した際には、心底驚かれたものだ。県全体でせいぜい五つか六つだろう、と思ったようだ。ただ、それでは県全体の浮揚には至らない。「何百と必要だ」と私も随分と無理を言った。庁内の反発を抑えようと、正庁ホールに職員を集めて長々と意義を説いたこともある。

官民協働、市町村政との連携の真価が試される局面でもあったが、結果として、地域支援企画員、市町村職員、住民の大変なご尽力によって、２２１もの地域アクションプランが立ち上がった。県勢浮揚に向けて大きな壁を乗り越えた思いがしたものだ。

話は先走るが二期目には、この中山間対策を更に強化することとなる。中山間の厳しさが増していることに対応したものでもあったが、併せて持てる強みを生かす、そのために中山間を生かすことが大事だと更に徹底していったからでもある。

産振計画の公表——官民協働で苦境突破を

高校時代、恩師に「随想やエッセイといった小さな物語にとどまらず、トルストイやドストエフスキーのような大きな物語を書ける人間になれ」と言われ、妙に心に残ったことを覚えている。以来、重要なことに臨んだ際は、効果を上げるに十分なほど大きな物語を作ろう、と心掛けてきた。天にも通じるまで誠を尽くそうとの心がけでもある。要領はよくないかもしれないが、これこそが、事を成すための要諦の一つだと信じている。

２００８年度を通じて、産業振興計画を十分に大きな物語とすべく、県民に知恵をいただきながら、職員と共に必死の努力を重ねた。そして、２００９年2月17日、受田浩之・高知大学教授を委員長とする産振計画検討委員会の了承を得て、いよいよ、その第1版を世に問うべき時が来た。

知事の任期も残り少なくなったころ「一番大変だったのはいつか」とよく問われた。大変なことはたくさんあったが、一番緊張し、そして勝負だと感じたのは、この産振計画第1版を公にした時だ。

官民協働で政策を展開しなければ、県経済の苦境を脱することなどできない。この計画を県民に受け入れてもらえるか否かが、最初の大勝負だった。

記者発表は、ホテルの一室を丸々使って行った。何とか県民に受け入れてもらいたい、との必死の思いで、スライドも多用し、今思い出しても恥ずかしくなるほど気負いこんでプレゼンしたことを覚えている。

◉本気で実行！

残念ながら、当初、計画は県民にあまり受けがよくなかった。

一つには、当時の県経済の極めて厳しい状況に比べて、十分に大きな物語ではなかったからだろうと思う。先述のとおり、地産外商を進めるうえでの障害など、数々の否定的なコメントもいただいた。ただ、そうした批判をどんどん取り込んで改善していくのは、もとより覚悟のうえであった。

実は、一番困惑したのは「どうせ計画を作って終わりだろう」という批判だった。「棚上げして終わり。過去にも繰り返されてきたことよ」との反応だ。

これを払拭することなくして、官民協働などおぼつかない。だから、第1版のキャッチフレーズは「本気で実行！」とした。「実行」するのは当たり前だが、

産振計画第１版を世に問う

当時としては、最大の批判に応える必死のフレーズだった。

◉PDCA

いわゆるＰＤＣＡサイクルの確立にも取り組んだ。計画（Plan）が確実に実行（Do）されるよう、四半期ごとの詳細な行動計画を作り、それぞれの施策ごとに、どの課が、いつまでに、何をすべきか（５Ｗ１Ｈ）を明確に定めた。

さらに、四半期ごとに産業振興推進本部会議を開催し、各課の実行状況を確認したうえで、課題がないか検討（Check）し、必要であれば改善策を作り実行（Action）する―というプロセスを徹底したのである。

事業ごとに進捗を管理する「ＰＤＣＡシート」は電話帳のような厚みになった。最初の3、4年は私自らこれを一枚一枚、２日以上かけて確認した。「知事のくせにガミガミ、チマチマと…」と陰口もたたかれたが、ＰＤＣＡサイクルを根付かせようと必死だった。県勢浮揚を成し遂げるために、まず確立しなければならない基本的な構えだったからだ。

ＰＤＣＡサイクルの確立を目指して

「ＰＤＣＡシート」を一枚一枚めくってチェックしていたころの私は、本当に「疑い深い」人間だった。

計画策定段階から、官民協働を主張する私に対し、「県の計画などこれまでも『絵に描いた餅』だったではないか。」との批判も直接よくなされていた。各施策が本当に実行されているのか、気がかりでならなかったのだ。疑いをかけられて不愉快に思った職員もいただろう。お詫びをしなければならないが、行政の一種の癖を知っている私は本当に不安であった。

民間とは異なり、役所の場合、計画を実行しなくても倒産はない。もちろん、議会で予算の執行状況をチェックされるので、全く動かず、とはならない。だが、例えば「関係の会議を開催し、検討を継続」ということが繰り返されても、定められた会議の予算はしっかり執行されたことになる。

このような形で、「動いているようで動いていない」ことが、行政の世界では十分にあり得るのだ。

◉自主的に動く仕組みを

だから、計画策定後の次の大仕事は、計画がしっかりと実行されるよう徹底することだった。このため、電話帳のような厚みのある「ＰＤＣＡシート」を、私自ら一枚、一枚、チェックするということをあえて行ったのだ。職員一人ひとりに「本当に実行するのだ！」という覚悟を促す、そういう思いでもあった。

しかし、当然だが、いつまでもこれではいけない。知事として、より重要なことは、自主的に、確実に実行される「仕組み」を作り上げることであった。後々の話となるが、産業振興計画を策定した後、何年も試行錯誤を続け、概ね以下のような仕組みに辿り着いたのである。

仕組みの第一は、繰り返しになるが、ＰＤＣＡシートという形で各施策の実行状況を「見える化」し、それを確認する会議を四半期ごとに持ったことだ。しかもこれを、マスコミも入れたフルオープンの場で行った。おかげで「特に何もしていません」との答えはどんどん少なくなっていった。

合わせて、ここがミソなのだが、年度当初にＰＤＣＡシートを作る際に、年間の実行計画を、四半期ごとにブレークダウンする作業を行ってもらった。各部局の内部では、さらに月ごとに分けてもらった。これによって、各課のセクション単位の５Ｗ１Ｈがより詳細に定められ、「仕事の段取り」もかなり明確になったはずだ。

仕組みの第二は、目標の明示であった。目標には、大きく三つの層がある。第一は、民間の事業戦略でいう「ビジョン」に相当するものだ。産振計画は多数の職員が関わるものだし、官民協働、市町村政との連携を目指したものでもある。プレーヤー間の連携を図るためにも、各分野で「どういう姿を目指すのか」を明らかにすることは非常に重要であった。

次に、ビジョンの実現に向けて講じる各施策ごとに、アウトプット目標を設定した。事業者の同行営業を何回やった、展示商談会に何社出店したという目標は、それで終わってしまっては無意味だが、施策の実行状況を確認するものとしては有効である。

言うまでもなく、一番大事なのはアウトカム目標である。各分野の地産外商の成約金額、観光入り込み客数、移住組数、といった実際の経済効果に関わる成果目標だ。そして、その達成状況を四半期ごとの本部会議で確認し、芳しくなければ、速やかに施策の改善を模索した。一方、目標が達成されれば、次なる目標を設定し、更なる進化を目指すこととしたのだ。

仕組みの第三は、産振計画のＰＤＣＡサイクルを予算編成過程に組み込むことだ。予算編成期は一年で最も忙しい時期だ。予算と権限の獲得を目指して職員も自ずと力が入る。何より、計画に予算の裏付けがなければ実行はできない。

このため例えば、来年度の農業分野の予算を論じる前提として、必ず、産振計画の農業分野をどう改善するか議論するようにした。二つを切り離して、予算は予算、計画は計画としてしまうと、計画は「絵に描いた餅」となってしまう。

◉弛まぬ改善

以上を繰り返すうちに、産振計画を毎年度改定するのは、言わば「当たり前」になっていった。さらに、年度途中の変更さえ珍しくはなくなった。

計画策定当初は「すぐ結果が出るわけではないのだから、腰を据えて」と改定そのものに反対する意見も多かった。「毎年度改定するなどというのは、自信のなさの現れだ」とまで言う識者もいたくらいだ。

しかし、計画を実行すれば、当然、想定よりも良いものも悪いものも出てくる。良いものは伸ばし、悪いものを修正するのは当たり前である。改定を毎年度、毎年度繰り返していく中で、産振計画は少しずつ実効性あるものとなっていったのだ。

後年、こうした考え方を、南海トラフ地震対策、日本一の健康長寿県構想など、県政のあらゆる分野に適用していった。

４選不出馬を決めた時、私は、このサイクルが庁内にほぼ根付いたことをもって私の役目は一定終わったと思った。２期目、３期目と、私がこの点について、目を光らせこそすれ、口出しすることはだんだん少なくなっていった。「本気で実行」するのは当然のこととして、職員から毎年度新たな目標、新たなアイデアがどんどん提示されるようになっていったのだ。「今や高知県庁のＰＤＣＡサイクルは日本一だ」。退任時にはそのように自負するまでになっていた。

勝負の年の勝負！

知事在任中、産業振興計画は毎年度改定がなされ、第1期第1版から第3期第4版まで計10版を重ねた。この間、県民のご協力と職員の努力により、物語はより大きなものへと育っていった。第1版では22ページにすぎなかったパンフレットも、令和元年版は90ページと、その厚みを増している。

ある企てを本格的に展開させるためには、小さくとも早い段階での成功例が不可欠だ。産振計画の場合は、スタート当初、二つの良き成功例があった。地元の金融機関のご協力と東京のアンテナショップ「まるごと高知」の好調な滑り出しだ。そして、強力な追い風も吹いた。大河ドラマ「龍馬伝」である。

これらに向かい合った「２０１０年」は勝負の年であった。この勝負の年の勝負に勝てるかどうか、これが後々の成否を決める、そうした覚悟の年であったのである。

◉二つの良き成功例

第一のターニングポイントは10年３月に訪れた。四国銀行が産業振興計画の推進に関して県と協定を結んでくださったのだ。

私は実行初年度の２００９年度から10年度にかけて、県内各地で説明会を開催して、自ら県民に計画を説明して回った。当初は聴衆から半信半疑な反応が多かったが、協定締結以降は、その旨をＰＲすると「へえー、あの四国銀行が」と、面白いほど会場の反応が前向きになった。

県庁の作った計画などどうせ絵に描いた餅だろう、という見方も多かった中で、これは強力な援軍となった。産振計画が経済界から、まともに取り合ってもらい始める良き契機となったのだ。

そして、第二は、東京のアンテナショップ「まるごと高知」のスタートだ。

まるごと高知は、店舗やレストランでの県産品販売に加えて、事業者の外商支援機能を持つ関東の地産外商の拠点だ。その開設は、当時としては久々の大型投資であり、リスクも大きいと県民の関心を集めた。

今では、もっと規模の大きいプロジェクトもめずらしくはない。しかし、まだ財政再建路線の影が色濃い２０１０年当時の県政では、年間家賃が８０００万円近くという新たな取り組みは、まさしく最大級のビッグプロジェクトであった。報道でもしばしば、「県が多額の税金を投入して実施する」事業だと枕ことばを付けられたくらいだ。

◉高い関心

「知事！あの名前はなんで？」。昼休み、携帯から知人の大声が響いた。アンテナショップの名称を「まるごと高知」と発表したばかりのこと。「まるごと愛媛」でも可能ではないか、高知ならではの名前にすべき、との趣旨だった。県民投票で最も得票数の多いものを選んだと説明しても、なかなか納得が得られず、ほうほうの体で電話を切ったことを覚えている。

他にも多くの方からお叱りを受けた。スタート時点からつまづいたか、と恐れもしたが、今思えば、これは県民の関心の高さの裏返しでもあった。

だから、県政としてこのプロジェクトの失敗は絶対に許されなかった。故に妥協なく検討を重ねたのだ。まずは場所の選定が重要であった。私も上京した際、時間があれば秘書官と共に適地を求めて街を歩き回った。東京の高知県人会の皆さんからも様々な紹介を受けたし、県議さんたちも心配して候補物件を見て回ってくださったそうだ。

結局、銀座一丁目、日本一、二の売り上げを誇る沖縄のアンテナショップの隣に決まったが、これはその集客力に「コバンザメ」のように預かろうとの思惑でもあった。後年、近隣に、広島、山形など複数県のショップが集まって相乗効果をもたらすこととなり、当初の思惑以上の効果が出たのだが。

ありがたいことに店舗運営、ＰＲに長けた濱田知佐さんはじめ在京の高知出身者のご協力も得られた。民間からも、有能なスタッフの方々にご参加いただけることとなった。さらに、県民からも、レイアウトからレストランのメニューまで数々の助言を賜った。

関心の高さに比例して、多くの力が結集されてきている、との実感が得られたことは、本当に心強いものであった。

小さなビッグプロジェクト

それでも、店舗の準備という慣れぬ仕事には相当のエネルギーを要した。

レストランの準備も大変だった。大赤字は必定だと、レストラン開設には反対も多かった。しかし、高知の食品の魅力は、その食べ方の妙とも相まって光る場合が多い。是非、おきゃく文化などをアピールする場が必要だと考えたのだ。

特に、メニュー作りには苦労した。スタッフの皆さんと何度も試食会を重ねたが、この間、高知の料理界の先生方から、もっと素材を生かして、とか、ゆずポン酢の使い方のコツとか、様々なアドバイスをいただいた。長引く試行錯誤にジリジリと焦りも覚えたものだ。

忘れもしない開店の1ケ月前。メニュー開発用に賃貸していた東銀座のマンションの一室で、私は目玉3品の試作品と向き合った。「この段階で駄目ならレストランは失敗。お願いだから！」と祈る気持ちで箸をつけたのだ。まさに、県政のかかった3皿であった。

結果は上々、本当に美味しいと思った。東京の嗜好も知った方を、とお願いした埼玉出身のシェフ曰く、ゆずポン酢の使い方など高知流のコツが掴めたとのこと。「美味しい、美味しい」と言いながら、心底ほっとしたことを昨日のことのように覚えている。

◉夏の朝に

２０１０年８月21日のオープン当日。暑い朝だったが、果たしてうまくいくか、と緊張で生唾と震えが止まらなかったことを覚えている。

だが、現実は想像を超えていた。開店セレモニーのころには、銀座の街に1時間待ち以上の長い長い行列ができていたのだ。「暑いのにお待たせしてすみません」と謝って回りながらも、盛況ぶりに小躍りしたい気分だった。これで地産外商もうまくいく、高知の前が開ける、とまぶたが熱くもなった。

県地産外商公社の川上泰理事長をはじめ、職員、スタッフが本当に献身的に頑張ってくれた。そして、県庁内で産振計画への自信が芽生え始める良ききっかけともなったはずだ。

◉シンボルとして

「まるごと高知」は、地産外商戦略の要として複数の機能を担っていた。

当然、まずは店舗の売り上げが重要であった。想定を超えた大赤字ともなれば、事業の存続自体が危ぶまれる。オープン翌日から知事退任日まで、毎朝メールで送られてきた前日の売り上げデータに一喜一憂したものだ。

まるごと高知オープン　大盛況に感謝のスピーチ

ただ、その機能は店舗での売り上げに止まるものではない。「まるごと高知」は、その運営にあたる地産外商公社の東京事務所と同居している。この地産外商公社こそ、県内事業者の外商活動をサポートする主力であり、「まるごと高知」はその一部門との位置づけだ。

約20名の公社スタッフは、東京で商談の機会を作り出したり、営業拠点を持たない事業者の代わりに、飛び込み営業や後追い営業をしたり、と様々な活動を展開する。そして、後に、こうした活動はスタッフの常駐する大阪、名古屋、さらに全国へと広がった。

「まるごと高知」は、この公社の取り組みの一環として、3つの機能を担っていた。

第一は、地産外商公社の営業活動を支援する役割である。店舗そのものが、商品を間近に見られるディスプレーの役目を果たしたし、店頭での売り上げデータは外商活動の武器でもあった。

第二は、県内事業者に腕試しの機会を提供する機能だ。初めて地産外商に挑戦する商品について、店頭で試し販売の機会を提供したのだ。因みに19年度には252商品について実施されている。

第三に、PR拠点としての機能も重要であった。公社の専任スタッフは、TVから雑誌まで様々な媒体に高知産品の売り込みを仕掛けている。その効果は絶大で、その広告効果は広告費換算で、開設翌年度には早くも約23億円、19年度には約83億円に及んだ。人気のバラエティ番組から取材を受けたりすれば、その商品は大ブレークしたのだ。

レストラン「おきゃく」の厨房で作った出来立ての料理を前にPRイベントも度々開催した。知事最後の年、19年8月には、タレントの山里亮太さんの観光特使委嘱式を「おきゃく」で行った。会場一杯のカメラの放列の前で、熱々のワラ焼きたたきをはじめ、高知の魅力を大いにPRいただいたのだ。

何より、「まるごと高知」は、「地産外商とはどういうものか」を分かりやすく県民に示す一種のシンボルとしての役目も果たしてきた。そこに行けば、東京でも売れる商品達がたくさん展示されているし、「おきゃく」では東京人にも受ける高知のメニューが沢山提供されている。

地産外商とは何か、が県民に理解されればされるほど、地産外商は進む。小さな店舗ではあるが、その理解促進に果たした「まるごと高知」の役割は非常に大きなものがあった。

開設後３年程度は、「上京のついでに『まるごと高知』を見てきた。もっとこうしたら？」とのアドバイスをよく伺った。名称にも多くの関心が寄せられたように、小さな店舗ではあるが、県民の皆様に育てていただいたビッグプロジェクトだったのだ。

チャンスを生かせるか

在任中、防災訓練では、よく負傷者役の方を乗せてリアカーを押した。一番力が必要なのは最初にリアカーを動かし始める時だ。ふらつきを抑え、ゼロから前に進み始めねばならない。産業政策も同じだ。政策を立ち上げ、動かし始める時が一番大変だ。

この立ち上げの誠に苦しい時に高知は「龍馬伝」という力強い後押しを得た。県経済の7割を占めるサービス業の地産外商の柱は観光である。今考えても、高知は誠に幸運であった。

◉飛び上がる朗報

産業振興計画の立案作業に没頭したのは就任翌年の2008年。そもそも県庁に何ができるか、からのスタートであり、立案作業は難渋した。

こうした中、同年6月5日、「龍馬伝」という朗報が飛び込んできた。

「次の大河は龍馬だそうです!」。当時の北村秘書課長が大声をあげて知事室に飛び込んできた時、まさに至誠通天、龍馬さんが助けてくれていると本気で信じた。

嬉しかったのは、単に大河が高知に来たからだけではない。産業振興なんて無理との空気が支配的な中で、「龍馬伝」対応をスタート時の目玉に据えれば、県全体が「できるかも」と前向きな気持ちになるはずだと思えたからこそ、嬉しかったのだ。

そして、何より私自身、大逆風の中で大仕事のスタートを切らなければならないことに正直不安で一杯だったからこそ、嬉しかったのだ。

この後、９月にはリーマンショックも発生。ただでさえ厳しい高知の経済には最悪の空気が漂った。翌年には、有効求人倍率も０・39まで低下。「こんな状況で産業振興なんて打ち出して大丈夫？」と記者にまで心配して貰ったくらいだ。だが「龍馬伝」という切り札があればこそ、前に進み続けることができたのである。

◉どうせ大河は

実際には、最初の頃は悲観論もかなりあった。一番多かったのは、数年前の大河「功名が辻」の際には観光客は殆ど増えなかった、というものだ。中には、主演は長崎出身の福山さんだし、亀山社中時代中心の長崎のドラマになるらしい、という根拠のない観測まであった。

「功名が辻」は初代土佐藩主の立身出世物語である。それにも関わらず、その年の観光入込客数は３１６万人、前年は３１０万人程度であり、わずか数％程度の伸びにとどまっていた。更に、大河の年は増えても翌年同じだけの反動減があり、トータルでは効果が殆ど無い例も県外では多い、との指摘もあった。

「大河はほとんど効果を生まなかった」との前例は正直プレッシャーとなった。チャンスを生かせなかった失敗を二度と繰り返してはならない、この好機を再び逃しては県民に申し訳ない、との思いで、観光業界の皆さんからの教えも受けながら、職員とともに必死で作戦を練ったのだ。

作戦の第一は、大河に沿った魅力的な観光地作りであった。「投資なくしてリターンなし」との考えで、前回を大幅に上回る予算を投入することにした。

高知駅前にはそれなりの規模のメインパビリオンを設置したし、安芸、梼原、土佐清水には、中岡慎太郎、岩崎弥太郎、脱藩の道、ジョン万次郎ゆかりの施設を設けた。ゆかりの地を複数紹介することで全体としての魅力を増したいという思いであったし、合わせて「幕末観光は高知市限り」という前例を打ち破り、県内各地への周遊を促したいとの思いでもあった。その上で、全体を観光キャンペーン「土佐龍馬であい博」と銘打ったのだ。

作戦の第二は、誘客プロモーションを早めに開始することであった。「龍馬伝」の放映開始は10年初。そこに合わせて旅行商品を造成して貰うためには、前年の春から初夏には「土佐龍馬であい博」の売込みを始めておく必要がある。

後に詳述するが、過去、セールス開始時期が直前となり、機を逸した苦い経験があった。業界の慣習を学んで、セールス時期を相当前倒ししたのだ。

私も何度かトップセールスを行ったが、なんといっても職員が、業界の皆さんと共に、キャンペーン用の着ぐるみを携え暑い中大奮闘してくれた。

作戦の第三は、反動減対策として、翌年も幕末観光キャンペーンを実施することであった。2年連続して展開することで、高知の歴史観光への全国的な認知度もワンステップ上がるのでは、との狙いもあった。

翌年の「龍馬ふるさと博」の準備は、ゴールデンウィーク明けからスタートした。「であい博」もまだ半ばという時期だったのだから、職員にとって過酷なダブルヘッダーとなった。だが、これはなんとしてもやらねばならぬことだった。

関係職員を集めて、私自ら、反動減対策の必要性と認知度アップに成功した場合の効果を必死で説いた。当初は複雑な表情の職員もいたが、結局、その意義に鑑みみんなで歯を食いしばって頑張ってくれた。

◉勝負の年

２０１０年1月16日、高知駅前のメインパビリオン開館の日。パビリオンの前には数百名の長い長い行列ができ順調な滑り出しだった。そして翌日から、毎日、毎日、４つのパビリオンの入り込み客数を把握して、勢いが衰えたとみるや、パビリオンの模様替えやＰＲ強化といった対策を打っていったのだ。

有難いことに10年の観光入り込み客数は、前年度比４割増、史上最高の４３５万人。観光総消費額もそれまでの７５０億円前後から１０００億円超までに増え、上々の結果だった。心配された翌年の入り込み客数も３８５万人。大河の前の３１０万人台を大幅に上回る水準で着地でき、いわゆる反動減を一定防ぐことができた。後の４００万人観光定着の礎ができたのである。

２０１０年は勝負の年であった。「まるごと高知」の開店と「龍馬伝」対策。今でも「龍馬伝」のテーマ曲を聞くと、勝負の年を思い出してじわっとくることがある。厳しい時にチャンスをもらい救われた思いがしたこと、チャンスを生かそうと必死の思いで頑張ったことが、まざまざと蘇ってくるのだ。

職員もレストランを立ち上げたり、旅行会社にセールスに行ったりと、慣れぬ仕事に必死で取り組んでくれた。テーマ曲とともに、当時の担当職員の悲喜交々な顔が思い出される。

ご協力いただいた多くの民間関係者の皆様にも改めて感謝しなければならない。この時に官民協働の構えができたことが、後々まで産振計画の強力な推進力となった。

勝負の年の勝負にそれなりに勝つことができた。このことが、県勢浮揚に向けた後々の歩みに勢いをつけてくれたのである。

時代の流れを捉える

知事２期目には、産業振興計画も第２期計画として大幅にバージョンアップした。

併せて、後に詳述する集落活動センター事業の開始など、中山間対策を抜本強化し、産振計画との連携を図った。

第２期計画では、災害が多いという弱みを逆手に取って防災関連産業の育成に着手し、ものづくり地産地消・外商センターも立ち上げた。

産学官民連携センター「ココプラ」を立ち上げ、同センターを拠点として、「土佐まるごとビジネスアカデミー」による人材育成事業も本格的に展開し始めた。移住促進策を加速させ、その一環として「高知家」プロモーションをスタートしたのも２期目である。

産振計画は景気対策にとどまるものではない。景気対策

高知駅にも大表札が！

なら人手不足や需要不足など、時々の課題に対処する。国は財政出動や金融政策で対処し、県も公共事業の発注量の調整などを行う。

しかし、産振計画は、本県経済の持続的な発展を目指して、経済体質そのものを抜本強化することを狙ったものだ。このため、できるだけ「今の振興策」と「将来の振興策」の双方を同時に講じるよう努めてきた。

例えば、ものづくり分野では、ものづくり地産地消・外商センターが事業戦略作りから販路開拓支援まで、事業者の今の支援を一貫して行う。

他方で、将来の事業の種を生み出すためのニーズとシーズの出会いの場づくりや、デジタル化促進のための人材育成事業など、すぐに成果がでるものではないが、将来を見据えた施策も同時に展開していったのだ。

◉知事の役目

将来をも見据えた仕事をするためには、通常のＰＤＣＡサイクルを超えた仕事が求められる。実際、ＰＤＣＡサイクルに職員が習熟するにつれ、私の役目も変わっていった。「将来に向けて一石を投じる」仕事により重きを置くようになったのだ。

異次元の高みを一足飛びに目指すべく、その可能性を問い、指針を示す。将来への布石が必要な場合などには、特にこうした発想が必要だ。リスクも大きいだけに、これはトップが果たすべき仕事だと覚悟してきた。

私は、この一石は、時代の流れの行く先を目指して投じるべきだと考えてきた。

高知は地理的要因もあって、戦後の重化学工業化の流れに十分乗れたとはいえないだろう。だが例えば、現在のデジタル化の流れは高知でも生かせる。むしろ、課題先進県としてデジタル技術によって解決すべき課題、すなわち、事業の種は多い。

産学官民のネットワークを構築し、デジタルなどの先端技術を生かして地場産業の高度化を図る。３期目に特に取り組んだテーマだ。

◉内外の連携

よりスケールの大きな政策展開を図るために、全国の経財界との連携も重要であった。

産振計画の推進にあたっては、これまで全国約40社と包括協定を結んだ。大企業の場合、社内ＰＲだけでも効果は大きいし、協働事業に発展した例もある。

経済同友会と地方創生に関して連携できたことも大きかった。全国的な木材活用促進の取り組みなど、意義ある事業を展開できた。改めて各社のご厚意に感謝したい。

そして、ここでも、時代の流れが重要であった。国が地方創生を展開し始めてから、全国の経済界の地方へのまなざしは好意的になった。さらに近年のＳＤＧｓ（持続可能な開発目標）重視の流れも、自然由来の産業振興を目指す高知県にとって、明らかに追い風だ。

時代の流れを捉える。県政の重要な視点であり続けた。

海外への地産外商

「危ない！食べてはダメだ」。２０１２年11月、インドネシアに出張中だった私は、昼食時、ホテルのバイキング会場で、秘書官に向かって思わず大声をあげてしまった。彼は生魚をのせた寿司を食べようとしていたのだ。

私は、20年前、外交官としてインドネシアで３年間勤務した。当時は、アジア通貨危機の真っ只中。財務・金融担当書記官として、友好国インドネシアの債務危機脱出のために、最前線で大忙しの日々だった。その際、生活面で最大のストレスとなったのが、日本食を食べられないことだった。ご当地ラーメンの袋詰めは、日本からのお土産人気No.１だったし、トロの刺身が食べられたのは、大使公邸での賓客を招いた夕食会だけであった。

そんな中、当時は、現地のレストランで生の魚を食べるなど危険極まりないことだった。お腹を壊すだけではすまない危険もあった。

だから、秘書官が寿司を食べようとした時、思わず必死で制止してしまったのだ。だが、きょとんとする秘書官に促されて周りを見渡せば、出張者と思しき欧米人も含め皆が平気で刺身を食べていた。

この出張を通じて、私は、今では、インドネシアでも、日本式のラーメン店も複数あるし、寿司屋もネタこそやや違え、珍しいものではないことを知った。

私がインドネシアで勤務した20年前とは打って変わって、劇的な衛生環境の改善と相まって、ユネスコ無形文化遺産となった日本食は、いまやアジアの日常となっていたのだ。

◉フランスの国旗と

こうした背景もあり、食品分野の海外輸出は、ハードルは高かったがそれなりに手応えもあった。

ゆずの賞味会をシンガポールで開催し、これに参加したシェフのお力を借りて、ヨーロッパの星付きの高級レストランにゆずを売り込んだが、予想を超えて好評だった。北川村の実生のゆずと同じレベルのものを、フランスでそう簡単に作ることはできない。土壌も水も異なるし、「ゆずは18年」でもある。作物にもよるのだろうが、一次産品は概ね、工業製品などよりも、はるかに持続的に差別化可能な商品だと自信を深めた。

更に、日本酒の売り込みのために、ロンドンでツアーを行ったが、これまた大好評であった。淡麗辛口の土佐酒は、西洋料理にも合わせやすいのだそうだ。

そして、いまや、暑い暑い東南アジアに対して鮮魚の輸出が可能な時代だ。現地の寿司チェーンを皮切りに段階的に輸出を始め、徐々に規模を拡大していった。その結果、宿毛では、養殖業の振興と相まって、輸出にも対応した最新鋭の水産加工場の誘致が実現した。

この分野では、国の具体的な後押しも重要であった。各国の検疫の壁をこじ開けるためには外交の力が欠かせないし、現地の商流確保のために、現地のＪＥＴＲＯとの連携は極めて有効だった。後に、ＪＥＴ

ＲＯ高知の皆さんに、県庁の地産地消・外商課の隣に引っ越していただいたのもこのためだ。

幸いにして、高知の食料品の海外輸出額は、２００９年の０・５億円から、19年には14・６億円へと約30倍近く拡大した。

コロナ禍の終息を待たねばならないが、こうした食料品輸出は、これからの田舎の可能性を大きく切り開くものだろう。その経済効果は誠に大きいし、田舎の若者に勇気と夢を与える、そうした大きな役割も期待できる。

私が訪れた時、北川村のとあるゆず農園にはフランス国旗が掲げられていた。同国の検疫条件をクリアする世界でも最高級の実生のゆずを産する農園だ。ここに働く若者たちは、山深い山村で誇りをもって世界を相手に仕事している。若者を中山間に残す。そのためにも一次産業の国際展開は極めて有効なのである。

◉命を救うために

一次産業とならんで、防災関連産業も輸出向けに有望であった。後に詳しく述べるが、この分野は、災害多発という弱みを強みに転じて、高知のものづくりの振興を図ろうと、産業振興計画の二次産業関連施策の中で重点を置いた分野である。

フィリピンやインドネシアを出張で回った際、その防災インフラの脆弱性には正直暗澹《あんたん》たる思いがした。大都市の河川でも堤防整備が十分でなく、甚大な数の人的被害が生じていた。

現地の日本法人の方に伺ったのだが、政府の予算措置はあっても、技術不足等により執行体制が脆弱であり、外国の支援が大いに必要だとのことであった。

高知では、たび重なる被災経験を経て、災害を克服するための技術やノウハウを多くの方が磨いてきた。日本全体としてもそうだろう。この貴重なノウハウを、輸出産業として生かし、それにより途上国の多くの命を救う。被災経験の多い地方の若者たちの志を生かす、是非伸ばしたい分野だと思っている。

さらなる飛躍を願って

知事3期目には、将来にわたって持続的な経済成長をもたらすような施策の展開を意識した。新たな付加価値の創造こそが、経済成長の源である。これを継続的に生み出す仕組みを作ろうと、外部の知恵や先端技術と地元が交わるプラットフォームを各分野で構築しようと努めた。

「Next次世代型こうち新施設園芸システム」の開発事業はその典型だ。高知の誇る施設園芸をＡＩなども活用してさらに高度化しようと、現在１４０人以上の研究者が30の研究テーマ群に臨んでいる。また、機器やシステム開発には60社の参加を得ている。

世界の食料問題解決にも資するテーマであり、輸出産業として園芸農業関連産業群を高知に生み出すことを狙った事業でもある。

デジタルなどの先端技術を生かして地場産業の高度化を図り、世界と戦える産業に育てていく。より多くの若者が住み続けられる高知を目指して、重点的に進めるべきことだ。

デジタル関連の人材育成、企業誘致と並行して、漁業や林業分野でもこうしたプロジェクトが順次本格化しようとしている。

これらを効果的に進めるためにも、産学官民の連携が一層求められる。先述の「Next―」でも、高知大をはじめ県内外の大学との連携が核となった。

こうした取り組みは花開くまで時間がかかる。しかし、将来に向けて必要な仕込みだ。

◉まずは若返り

２０１４年12月、政府が地方創生を目指して「まち・ひと・しごと創生総合戦略」を打ち出した３か月後、高知も全国に先駆けて、産業振興計画と健康長寿県構想などを融合した、高知版の総合戦略を発表した。同戦略は四つの政策群からなる。Ａ地産外商による雇用創出、Ｂ若者の県外流出防止と移住促進、Ｃ中山間対策、Ｄ少子化対策の推進、である。

産振計画の担うＡとＢは雇用創出によって高知に若者を増やすことを目指すもので、ＣとＤは子だくさんの中山間を重視するとともに、少子化対策を徹底し、全体の出生率を引き上げようとするものだ。

高知の高齢者人口は、若年層の二倍近くに及ぶ。戦後ほぼ一貫して若者の流出が続き、併せて昭和50年代以降出生率が二を下回って推移してきた結果だ。故に当面の人口減少そのものは避けがたい。だが、このＡＢＣＤの政策群が好循環をなすような状況を作り出すことによって、人口減少が当面続く中にあっても、県経済を拡大させ、若者の流出を防ぎ、移住者を増やして、まずは若返り、いずれ人口増に転じることを目指す。これが総合戦略の目指す姿だ。

◉11年たって

産業振興計画を始めて11年。各種のデータを見ても、かつて人口減少に伴って縮み続けた高知の経済は、拡大傾向に転じたと概ね言えるだろう（P74図参照）。

２００１～２００８年度に14・1％のマイナス成長となった1人当たり県民所得は、08～18年度には全国のほぼ1・6倍のペースとなる20・0％のプラス成長となった。中山間の1人当たり総生産額も、01～08年度には7・9％のマイナス成長だったが、08～16年度には20・6％のプラス成長に転じた。

良い傾向にあると言えるだろう。しかし、1人当たり県民所得の水準は全国平均の約83％にとどまる。良い方向に進んでいるが、今が良いとは言えない。

人口の社会増減について本県は、景気回復期には大幅減、後退期には

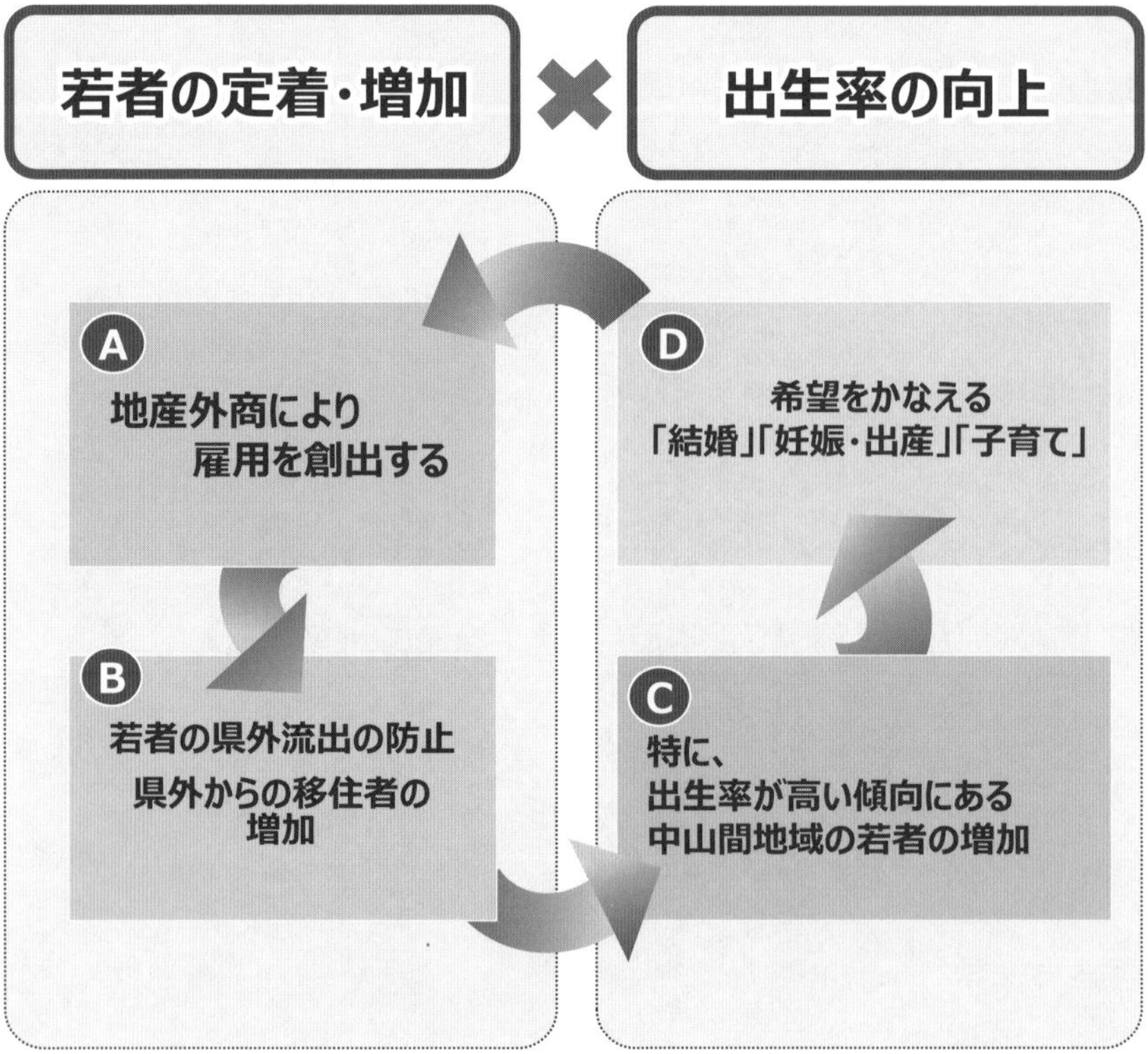

やや改善という傾向を辿ってきた。過去の景気回復期の半分ほどに減りはしたが、残念ながらまだ年間２０００人超の流出が続いている。年間１２０組ほどだった移住者が１０００組を上回ることになったのは明るい材料なのだが。

そして、出生率も回復したとはいえ、まだ１・48程度にとどまる。

加えて、このコロナ禍による大打撃である。

コロナ禍からの復興策に加えて、先述のＡＢＣＤの更なる好循環創出を目指して、継続的により積極的な県勢浮揚策が必要な状況だ。

濵田県政の成功を願ってやまない。

縮む経済から拡大する経済へ

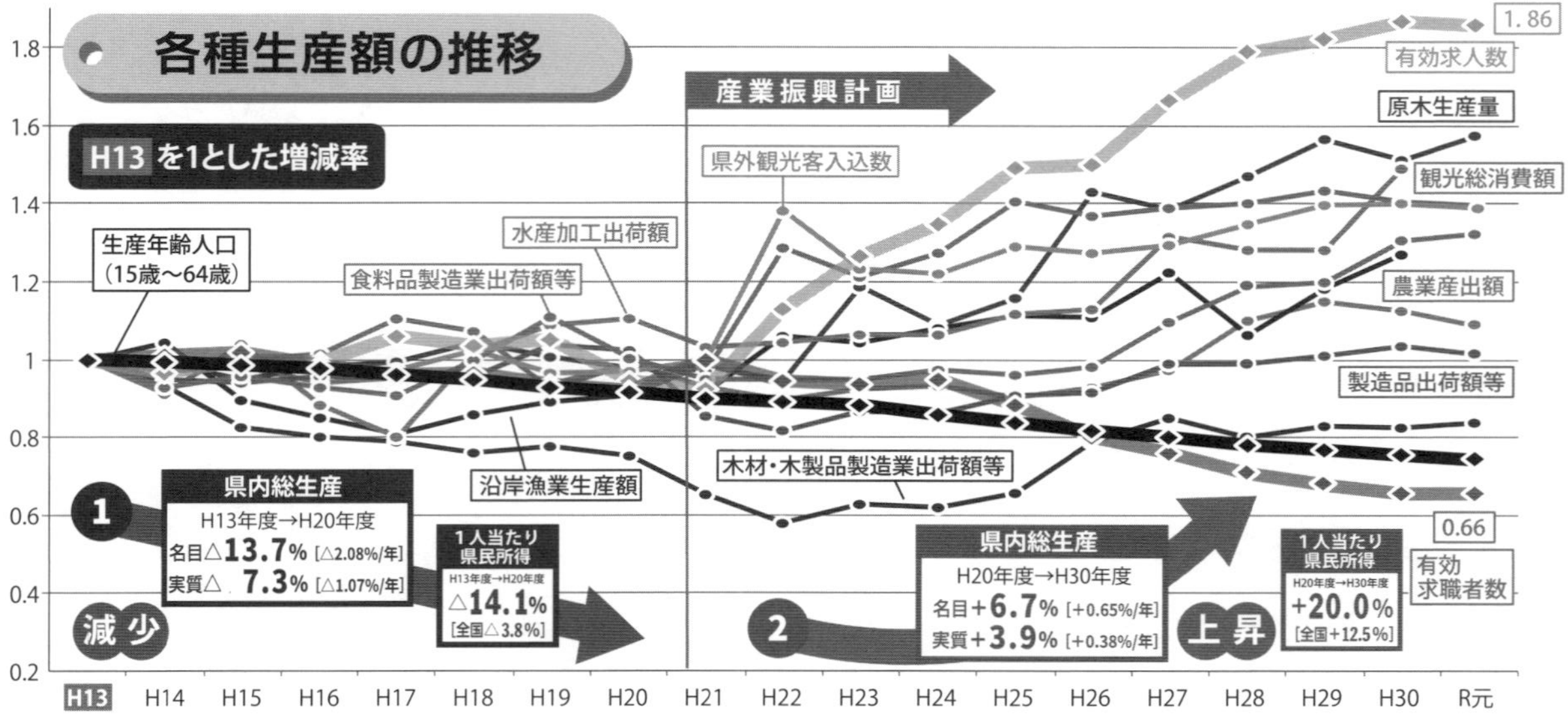

❶ **生産年齢人口の減少に連動する形で、各種生産額も減少傾向**

❷ **生産年齢人口の減少に関わらず、各種生産額が上昇傾向に！**

※観光総消費額、県外観光客入込数については、H15に算定方法を変更したため、H15を1としている
※R元製造品出荷額等は速報値

（出典「さんSUN高知」令和３年５月号）

産振計画の構造——システムとネットワーク

重複する点もあるが、県政運営に如何なる考えで臨んだかを記す、という本書の方針に沿って、ここで、産業振興計画の構造についてまとめさせていただきたい。

産振計画は、個々のプロジェクトの成功を目指すにとどまるものではなく、県勢全般の浮揚を目指したものだ。だから、計画全体の設計にあたっては、地産外商による経済効果が十分に大きくなるよう、かつ、県民に十分に行き渡っていくよう工夫を凝らす必要があった。

個々のプロジェクトが成功したのに経済が上向かないなら、それは全体設計がおかしいということだ。広範囲にいろいろな取り組みを行う必要があることは自明であったが、予算や人員の制約もあり、闇雲にやるわけにはいかない。在任中を通じて、私は職員と共に、全体としてどういう構造であれば、この点をクリアできるか考え続けたのだ。

◉共通の考え方

結論から言うと、産振計画の全体設計に当たっては、３つのカタカナ語が鍵となった。システム、ネットワーク、ポートフォリオである。

第一のシステムについては、既に繰り返し述べた。各産業分野の地産外商を進めるにあたっては、川上、川中、川下それぞれの状況を調べて、システム全体を把握するよう努めた。その上で、ボトルネックを解消し、牽引役を育てることによって、全体として拡大再生産の好循環を作り出そうと考えたのだ。

繰り返すが、川中が詰まっているのに、川上分野を強化しても閉塞を起こすだけだ。政策効果を十分にもたらすためには、当該分野のシステム全体の把握が不可欠であった。

第二、第三のネットワークとポートフォリオは、横の広がりと縦の広がりと言ってもいい。経済効果を県内により広くより多く波及させるためには、県内外に効果的なネットワークを作る必要があった。そして、先々にわたって成長をもたらすためには、必ず、今の対策とともに、将来の種蒔きを同時に行わねばならない。今と将来との間で、良きポートフォリオを組まねばならないのだ。

産振計画は、第二期、第三期と大幅にバージョンアップしていったが、期を追うごとに、こうした三つの考え方をより色濃く反映していったのである。

◉ネットワークの構築

ネットワークに関しては、以下の３つの構築を目指した。

第一は、重点を置く「産業分野間のネットワーク」である。産振計画では生産性が全国一である園芸農業など、比較優位のある一次産業の振興を基幹に据えた。併せて、一次産業から原料調達を図る食品加工分野や、食や自然を生かせる観光分野にも重点を置き、相互に波及効果をもたらそうと試みた。

高知でも一次産業の就業人口比率は約11％に過ぎず、約17％の二次産業や、約69％の三次産業にも経済波及効果をもたらす工夫が必要だったのだ。

さらに、第2期計画では、二次産業であるものづくり分野の対策を強化して、ネットワークを更に広げようとした。本県のものづくりは、もともと農林水産業由来のものが多く、相互の波及効果が見込めた。合わせて、災害多発県である本県の優れた防災ノウハウを生かして、防災関連産業の振興に力を注いだ。これは、弱みを強みに転じる取り組みでもあった。

そして、特に3期目から本格化するＩＴ・コンテンツ関連産業の振興策は、観光振興に次ぐ三次産業対策であるとともに、他の産業のデジタル化による高度化のきっかけを作ることを目的としたものでもあった。

第二のネットワークは、後に詳述する「中山間に係る三層のネットワーク」だ。第2期計画では、新たに、集落活動センターの取り組みを立ち上げ、各産業分野共通の政策である産業成長戦略と、地域の資源を生かした地産外商事業である地域アクションプランとの間で、相互に波及効果をもたらすよう努めた。三者の間でよき分業体制を築いて、経済効果を中山間にまで波及させることを目指したのだ。

そして、第三のネットワークは「県外とのネットワーク」だ。できる限り、県外に応援団を設けることによって、より大きな経済効果を高知にもたらそうと努めた。

先述のとおり在任中は40を超える県外企業と地方創生などに関連して包括協定を締結した。透明性を確保しつつネットワークを構築しようと努めたのだ。

社員食堂での高知フェア、社内報での高知観光の紹介などから始まって、鉄道売店網での高知産品販売や、キャンプ施設の高知への進出等々、より具体的なプロジェクトに繋がる例もあった。

また、東京の経済同友会の皆さんとは地方創生分野で協定を結び具体的に連携させていただいた。漁業分野では浜から魚介類を直送する「高知家の魚応援の店」に、都会の1000店舗を超える食堂や料亭などに登録いただいた。

さらに、食品分野では、地産外商公社は、大手の複数の食品卸会社等と信頼関係を結び、高知県専門の社内商談会などの機会をたくさんいただいてきた。こうした地産外商のネットワークは、高知の宝と言ってもよい。

こうした県内外の3つのネットワークを通じて、経済効果をできるだけ多く作り出し、県内の各地域に運ぶ、そうしたことに努めたのだ。

産振計画の構造—今と将来のポートフォリオ

将来にわたり経済成長を促していくためには、新たな事業の誕生を応援する仕掛けも必要である。今の仕事を伸ばす対策を打ちながら、同時に、新しいネタを生み出す政策展開を図る。こうした今と将来のポートフォリオを意図的に組むように、産振計画では試みたのだ。

◉3タイプの取り組み

産振計画では、この将来の仕込みに関し3つのタイプの取り組みを進めた。

第一は、当然のことだが、目指すべき姿に向けてやるべきことを先取りするやり方だ。食料品の地産外商のメインターゲットは、関東圏や近畿圏などの国内大都市圏だが、同時に、先にも触れたように将来を見据えて外国への輸出の取り組みも並行させた。

相手国での検疫のクリアや商流の確保など、輸出を進めるためのハードルは高く、ノウハウの蓄積には時間がかかる。このため、相対的に小規模ではあったが、国内向けと並行して取り組みを蓄積していったのである。

農業分野では、環境統合制御技術を搭載した次世代ハウスの普及を目指して2009年秋にはオランダのウエストラント市と協定を結んだが、これは、同ハウスの普及支援策をスタートする4年ほど前のことである。

このように、将来の展開を睨んだ仕込みを各分野で意識したのだ。

第二は、新たな商品やサービスなどを作り出すプラットフォームを作ろうという取り組みだ。シーズとニーズの出合いの場を県が作り出そうと努めたのだ。

第2期産業振興計画からは、課題解決型の産業創出スキームとして、県内の一次産業のさまざまな課題を抽出し、それを解決する企業を募集して、応募があったものからプロジェクトをスタートさせるという取り組みなどを始めた。

一般に、シーズとニーズが出会い、事業として大きく育っていく確率はそう大きなものではない。数々生まれて育つのは一握り、ということもあるだろう。まして、経済規模が小さな自治体では、こうした出会いの場は少ない。だからこそ、将来の新たな事業を生み出すために、短期の採算から比較的自由な官がこうした場を常に構えておくことには、一定の意義があると私は考えている。

第三は、目指すべき目標をもったプロジェクトを定め、そこに、参加企業を募集してさまざまなプロジェクトを生み出そうという、オープンイノベーション方式の取り組みだ。「Next 次世代型ハウス」の取り組みがその典型だ。環境統合制御技術の先をいく新たなシステムを生み出し、その普及を図ろうという取り組みである。水産業分野でも「高知マリンイノベーション」の取り組みがスタートしたし、さらには、林業分野でもこうした取り組みが構想されている。

第二、第三ともに、第3期計画からは、デジタル技術を生かしたプロジェクト創出を重視した。これからのイノベーションはデジタル技術を活用するものが多くなるだろう。従って、デジタル関連産業の育成を積極的に進め、こうした一連の取り組みへの参加も促すよう努めたのである。

◉何よりも人

そして、もう一つ。将来に向けて何よりも大事なのは、人材育成の取り組みであった。ある産業を振興したいのなら、その分野で優れた人材を多数育成するか、招聘するかすべきだろう。

この人材育成事業の先駆けとなったのは、食品加工分野などを中心に商品企画からプレゼンの仕方までを学ぶ「目指せ弥太郎商人塾」だ。人材育成こそ最も近道、とのアドバイスを受けて２０１０年度にスタートしたものだが、臼井純子先生をはじめとした優れた指導者の熱血指導のおかげで、多数の地域アクションプランが同塾から生まれた。

この成果をもとに、２０１２年度から人材育成事業を総合的に展開する「土佐まるごとビジネスアカデミー」をスタートさせた。事業戦略作りやマーケティングなど、全16コースに年間延べ４５００人の参加を得るなど、現在も盛況である。

ほかにも、将来の本県林業の発展を担う人材を育成するため林業大学校を設立したし、デジタル関連産業の振興を図るため、プログラミングからゲームデザインなどを学ぶＩＴ・コンテンツアカデミーも開設した。さらに「こうちスタートアップパーク」を開設して起業支援の取り組みも本格化させた。

３つのカタカナ語による考え方、すなわち、システム全体像の把握、県内外のネットワークの構築、新旧のポートフォリオ形成という考え方は、産業振興計画において、県勢浮揚を目指すために、その設計の核をなす考え方となった。

実際には、各分野ごとにその成否はさまざまであったが、こうした考え方を大切にすることによって、場当たり的ではなく、一過性でもない、一連の取り組みをそれなりに展開できたのだと考えている。

中山間対策―都会にない強み

地産外商と並ぶ産業振興計画のもうひとつの大きな特徴は、中山間重視ということだ。在任中、期を重ねるごとに中山間対策を強化したのだが、その変遷についてここでまとめたい。

繰り返すが、中山間こそ高知の強みの源泉である。高知の中長期的な発展を期するためにも、是非ともその振興は必要だ。

田舎の高知にとって、中山間の自然由来の一次産業や観光業は、都会にはない強力な強みだ。さらに言えば、それは国際的な強みにも十分になり得る。

台湾からの観光客の中には、仁淀川の屋形船に乗って、その清流の美しさに感激のあまり涙を流す人もいたそうだ。高知の食の美味しさは、アジアの旅行エージェントに自信をもって提示できる高知の武器だった。

高知の農業生産の約６割は中山間由来だ。中山間を蔑ろにすれば高知の農業は成り立たない。因みに、日本全体でも約４割が中山間由来である。食糧安全保障上の観点からも、中山間を蔑ろにすべきでないのは高知だけの話ではない。

こうした考え方の下、産業振興計画の策定に当たっては、中山間も含めた地域地域の産業の振興を目指す、との路線を基本とすることにした。

まずは、他県に比して品質や生産性などに比較優位のある一次産業重視路線そのものが、その多くが存在する中山間を重視することに繋がった。

加えて、地域地域に経済効果をもたらすために、よりきめ細かく地域の地場産業を生かそうと考えた。このため、多くの方々のご尽力によって、産業振興計画の立ち上げと同時に、先述の200を超える中山間由来の事業が地域アクションプランとして立ち上がることになったのだ。

◉より深い理解へ

ただ、中山間への理解が深まるにつれ、こうした一次産業重視と地域アクションプランの二層構造だけでは不十分だと考えるようになった。

高知市育ち、仕事は東京中心という経歴からも、私は中山間地域に不案内な点が多々あった。やはり、この点が目についたのだろう。2011年4月の県議会議員選挙の後、ある県議さんから「本物の」中山間訪問を促されたのだ。

この県議さんいわく、「知事が『対話と実行座談会』などで訪れる役場近くは、その町村ではもっとも都会。地域アクションプランも多くはこの都会で展開されている。でも、本当の中山間地域はそこから車で1時間以上先にある。是非、自ら訪れるべき」とのアドバイスをくださった。

高知市から1時間半近くの町役場からさらに1時間以上。鬱蒼とした森を縫う1車線ギリギリの道を延々と行き、いったいどんなところへ、と思いきや、視界が急に開け、のどかな集落が忽然と姿を表した。

その先の公民館では、県知事が当地に来たのは史上初だ、と地域住民の皆さんに大変歓迎していただいた。

だが、本当に驚いたのはこれからだ。何と、半分ほどの住民のお家は、さらにそこから車で30分以上先にあるのだという。久々に公民館まで降りてきたというのだ。

驚きを胸に帰路につき、１車線ギリギリの道を再び抜けて、役場付近に向かう三桁国道に出た時、私はもう一度驚いた。大袈裟ではなく、２車線の三桁国道が高速道路のように見えたのである。そして、役場付近は本当に「都会」に見えた。

◉どうするつもりか？

率直に言って、県議さんの言うとおりだと思った。知事４年目に至っても、まだ私は中山間を分かっていなかったと自覚した。

その後、こうした経験を複数回積む中で、何度も受けた質問がある。「このままでは誰もいなくなり、うちの集落は消滅してしまう。県はいったいどうするつもりか」という質問だ。「地域アクションプランをやれと言われても、担い手も組織もない。あと10年早く言ってくれていれば」との指摘もしばしば受けた。

やはり、一次産業重視路線と地域アクションプランの二層構造だけでは、中山間への経済効果の浸透度は不十分だったのだ。そして、新たに事業を起こそうにも人がいないという問題にも答えを出す必要があった。

中山間対策は明らかに強化する必要があった。このため、２期目の選挙に臨むにあたって、公約として、「絆のネットワークの構築」をキャッチフレーズに、中山間対策の抜本強化を掲げた。

そして、2期目から、「対話と実行行脚」と称して各市町村を一日かけて巡る取り組みを始め、併せて副知事に代わり、私自身が中山間対策推進本部長に就任することにしたのである。

中山間対策――小さな田舎だからこそ

今思えば随分と思い切ったことを言ったものだ。「どうしてくれるのか？」と質問されたら、私はいつも「確かにこのままでは消えるでしょうね」と答えていた。

その上で、「小さい集落が内に閉じこもってしまっては、本当に消えてしまう。外に打って出て活力を呼び込んでくることが必要だ。担い手がいないなら呼びましょう。何もしなければ活路は開けない。県も精一杯お手伝いしますので」と訴えた。

中山間対策を抜本強化するにあたって、基本的な考え方としたのは「地産外商＋移住促進」であった。これを地域アクションプランなどの効果が届きにくい、より周辺部の集落でも展開しようと努めたのだ。なぜ中山間の暮らしが厳しいのか。それは商圏が足許では小さ過ぎ充分な雇用を生み出せないため、若者が地域に残れないからだ。商圏は必ず外にも求めなければならない。だから地産外商である。

併せて、中山間地域では事業を起こそうにも担い手が少ない、との指摘にも応えなくてはならない。それ故に、移住促進が重要であった。

◉拠点の重要性

この「地産外商＋移住促進」の取り組みを中山間の奥の奥の集落で展開するためには、そのための拠点作りが重要であった。

1期目も終わろうとするころ､庁内の協議で中山間対策に情熱を傾ける職員から大胆なプランを聞いた。「集落活動センター」のアイデアである。

津野町の床鍋集落で、廃校を活用して民泊事業などを展開している「森の巣箱」さんの取り組みを参考にしたという。廃校跡地や公民館を活用して、暮らしを守る集落コンビニやデイサービスのような事業を展開したり、民泊やサテライトオフィスの立地、さらには特産品生産といった外貨を稼ぐ事業を展開しようという取り組みだ。

果たしてうまくいくのか、とやや迷った。だが、地産外商事業を地域地域に展開するためには、それを担う組織が是非とも必要だ。思い切って2期目の公約に同センターの普及を掲げることにした。

その上で、一次産業重視の産業成長戦略と、地域アクションプラン、そして、集落活動センターの取り組みとの間で、「分業体制」を構築することができれば、経済効果は地域に波及するはずだ、と目論んだ。「中山間に係る三層のネットワーク」を意図的につくり出そうと目論んだのだ。

繰り返すが、中山間での事業はどうしても小規模なものとなりがちだ。だからこそ、射程をより広げていくためにも、近隣のより規模の大きい事業との分業体制の構築が求められた。

例えば、都会を射程に収めた地域アクションプランに対する原料供給の一端を集落活動センターが担うとか、産業成長戦略の一環として全県的に実施する観光キャンペーンと連動して、集落活動センターが宿泊機能を担う、といった連携が想定された。

◉覚悟の挑戦

併せて、移住促進についても、思い切ってその抜本強化に踏み出した。

正直なところ、本県は移住促進策について相当苦戦した過去を持つ。災害が多く、都会からも遠いことから、ハードルはかなり高かった。長野県のように都会に近い田舎が、両方の良さを楽しめる地域として、今でも人気の移住先となっている。

しかし、先の理屈からいって、本県でも移住促進策の抜本強化は是非とも挑戦すべき課題であった。若者が少ないなら全国から募集しようと、改めて移住促進に挑戦する覚悟を固めたのである。

移住促進策を講じるにあたっては、多くの県が行うような「豊かな自然や暮らしやすさ」を売りにするのみならず、「担い手」の募集であることを強調するよう努めた。地域では「担い手」を求めている、是非、その思いに応えてほしい、と訴えたのだ。高知家の移住は「志移住」だと銘打った。

そのうえで、ウェブサイトでのアピールから、県職員、市町村職員、地元のサポーターによるリレー方式の相談体制を構築して、職や住居、暮らしの情報を寄り添い型で提示し、丁寧に相談に応じるよう努めることとした。

多くの皆さまの努力のかいあり、このリレー方式はかなり効果を発揮した。移住者は年々増え、2011年度の120組からスタートして、私の退任した2019年度には1030組まで増えていったのである。

「集落活動センターを設立し、中山間を地産外商の分業ネットワークでカバーする。」「担い手を確保するために、中山間も含めた移住促進策を構築する。」この2点が1期目から2期目にかけて中山間対策を抜本強化したポイントだ。

実際には、その実現には多くの困難が伴った。だが、県土の大多数を中山間が占める高知にとって、こうした施策は困難だが、覚悟をもって取り組むべきものであった。

集落活動センターの開所式（梼原はつせにて）

中山間対策―集落活動センターの先に

集落活動センター事業が本当に上手くいくのかどうか、正直なところ、最初はかなり気を揉んだ。対話と実行行脚の機会などに、このアイデアを説明しても、最初のころは半信半疑な反応が多かった。「集落に若者もいないし、新しい挑戦はちょっと……。」としばしば言われたものだ。

だから、２０１２年６月に、第一号となる汗見川集落活動センターが立ち上がった時には心底嬉しかった。ようこそ応じてくださいました、と手を合わせたい思いであった。

◉オーダーメードで

その後、集落活動センター事業は県内に順調に普及し、現在は61か所で展開されるまでになった。10番目くらいまでのセンターは、もともと何らかの集落活性化の取り組みを展開されている方々によるものであった。むしろ、お手本となる取り組みが、集落活動センター事業にも応募してくださったという感じであった。だが、3年くらいしてから、徐々に、集落の全く新たな挑戦としてセンター事業を活用しようというケースが増え始めた。

集落活動センター事業では、設備整備や運営費への補助を行う。このような県事業としてはやや大胆だが、同事業では集落のオーダーメードの取り組みを応援することにしている。集落ごとにその置かれた事情は大きく異なる。故に、その実情にあった自発的な取り組みを応援したいとの思いだった。公序良俗に反するのでなければご自由に、といろいろな取り組みを促すよう努めたのだ。

私は、本当に自由でいいと思っていた。川があるならそれを生かし、山があるならそれを生かし、きのこがあるならそれを生かす。ゴルフ場が近くにあるなら、ゴルフ道場を主宰するセンターでもいいと思った。持てるものを生かす。今も地域の自主的な自由な取り組みを応援することが大事だと思っている。

実際、かなりユニークな取り組みが県内に広がっている。周辺の林業振興にあわせてポット苗の生産を手がける西峰のセンターのほかにも、舞茸の生産を手がける氷室のセンターなど、特産品を生かした事業展開を図るセンターは多い。

交流人口の拡大によって地域を生かそうとするセンターもある。室戸の廃校水族館は全国的に有名になったが、併設されている椎名のセンターにとっては良きパートナーだろう。黒潮町のビジネスモデルは秀逸だ。地元発案で西南大規模公園のサッカー場を人口芝化し、通年でのキャンプ受け入れを可能としたうえで、３つの集落活動センターが宿泊やお弁当の提供を手がけている。

生活を支えることを中心的な活動とするセンターも多い。私も、高齢者の方にお弁当を配ったり、カフェを運営したり、１００歳体操などを展開するセンターにたびたびお伺いした。三原村で、洗濯に苦労する高齢者のために、コインランドリーを運営するのだと聞いた時には、目から鱗《うろこ》の思いであった。

２０１６年6月から全ての集落活動センターの代表者からなる集落活動センター連絡協議会を立ち上げ、活動報告や研究などを行ってきている。ある時、その後の懇親会に出席して私は心底嬉しい気持ちになった。懇親会が、良い意味で自慢大会になっていたのだ。

参加者がお互い「うちの取り組み」を語り合っている。「うちではこうした。いや、うちではそこはこうした、云々。」苦労話の吐露もあるようではあったが、全体としては、自分たちの取り組みへの自負が大いに感じられる前向きな会であった。集落の思いを生かし、その工夫を生かす。そうした事業として将来の期待が持てるところだ。

●より骨太に

もし４期目に出馬していたなら、公約の柱として中山間の医療福祉と教育の充実を柱として掲げていただろう。３期目にかけて、中山間で産業を作り、移住促進策も生かしてその担い手を招く、ことに力を入れてきた。仕事がなければ、若者の定着もかなわない。一次産業の振興、地域アクションプラン、集落活動センターの３層の政策群を連携させて、産業と仕事を作り出そうと努力してきた。その貢献も部分的にはあるのかも知れない。中山間のＧＤＰ成長率も、長年のマイナス成長（▲15・４％【２００１↓２００８】）からプラス成長（＋５・８％【２００８↓２０１６】）に転じるようになった。

だが、未だに若者の減少に歯止めをかけるには至っていない。今後大事なことは、産業を起こす取り組みを引き続き進めるとともに、住み続けられる環境整備を図ることだと思っている。

都会での移住相談会において、中山間の暮らしについて一番心配されるのは教育だ。子どもの大学進学などを視野に入れて、その環境を気にする保護者は多いと聞く。

高知の医療費が高い原因の一つに、中山間から早々に都市部に入院するケースが多いという事情がある。

若者も高齢者も住み続けられる地域であるために、充実した医療、福祉の体制整備は不可欠だ。

都市部と同等の教育、医療福祉の体制を中山間で実現することは、これまではコストの点からも不可能だと思われてきた。しかし、劇的に進化しているデジタル技術がそれを可能にしつつある。遠隔授業や遠隔診療の仕組みなどを通じて、中山間の暮らしを守る環境の整備が別次元に進む可能性も出てきたのだ。

こうした事情は高知のみではない。いつか、中山間の距離のハンディが解消される時がくれば、そして、むしろ自然や情操豊かな中山間こそ教育や療養に相応《ふさわ》しい、とされる世がくることとなれば、と心から願う。中山間の若者が増え、国土の隅々まで、その持てる力を生かす国造りが可能となるはずだ。

今後も努力を続けたいと思っている。

第3章

県経済の多面的発展を目指して

観光政策——「龍馬伝」の後に

ここからは、産業振興計画の各分野の取り組みを回顧することとしたい。まずは、観光分野から。

観光は、県経済の7割に及ぶサービス業の地産外商の柱として、その効果が比較的早く出やすく、かつ県経済全体への波及効果も大きいため、産業振興計画では重点を置いた。

高知県では、観光を専任する部局の歴史は新しい。観光部ができたのは、2007年4月。私が知事に就任する8か月前に過ぎない。私が就任した当時、少なくとも県としては、観光政策を展開し始めたばかりという状況であった。

他県では観光振興といえばインバウンドの振興を意味する場合が多い。だが、そもそも国内誘客さえ低迷していたこと、経済効果をもたらすためには、むしろ国内誘客の方が規模が圧倒的に大きく速効性があること、などから、本県ではまずは国内誘客を優先した取り組みをスタートさせた。

◉大きなギャップ

就任2か月後、東京事務所主宰の懇親会で、私は苦い苦い薬を飲まされた。

「応援なんてできませんよ。今更遅過ぎです。」高知出身の観光業界の方にかなりズケッと言われたのだ。

当時は、県の久々の観光キャンペーン「花・人・土佐であい博」の開幕前1か月という時期だった。いよいよ対外PR開始、さて、そのためにどうするか、という議論を庁内で行っていたのだ。私もPR開始が少々遅いのではと思いつつも、遅れを少しでもリカバリーしたいとの思いで、県出身を頼りに「花博」の応援を頼んだのだが…。

一言で言えば、我々の動きは、あまりに業界の常識からかけ離れていた。関係者いわく、開始半年前にはPRを始めないと旅行商品に組み込めないし、そもそも花のイベントといっても、花が確実に咲く保証はない、バックアッププランはあるのか、云々。一々、ごもっともだと思いながら、いかに県の観光行政が未熟かを思い知らされたのだ。

その1か月後の2008年4月から、観光分野の産振計画を立案し始めたのだが、この未熟さを克服するためにも、官民協働で取り組む必要があると痛感した。産振計画検討委員会に分野ごとの分科会を設け、観光以外の他の分科会も含めて、各々に民間有識者に参加いただくことにしたのは、この「苦い薬」を生かしてのことでもある。

幸いにして、同年6月には2年後の「龍馬伝」の放映が決まった。これは明確な政策目標ができたということでもあった。2010年1月の放映開始の半年前には県外の旅行会社にPRを始めることを目標として、民間関係者のご協力もいただきながら、「土佐・龍馬であい博」の準備を進めたのだ。

◉残された課題

「龍馬伝」の好調のおかげで、先述のとおり2010年の観光入り込み客数は435万人と史上最高となった。また、反動減対策として「志国高知　龍馬ふるさと博」を翌年実施したことで、２０１１年は３８５万人と、「龍馬伝」前の３１０万人よりも相当高止まりで着地できた。「苦い薬」を飲ませていただいたおかげで、県の観光政策も、実際の観光振興につながる実効性を一定発揮できた。こうした点では大成功だったし、県庁にも「やればできる」との自信をつけさせてくれた。

だが、こうした成功の裏で、観光政策に関わる多くの課題を認識することとなったのも事実だ。反省事項は多かったのだ。

第一は、地域への周遊がやはり弱かったことだ。２０１０年の観光入り込み客数は、中央部は前年比約47％増であったが、東部は約５％増、西部は約５％減にとどまった。中山間地域に外貨をもたらすという観点からも、地域に周遊を呼び込むことは重大な課題だ。もう一段、地域の観光の体制を強化する必要があった。

第二は、反動減対策をとった２０１１年の３８５万人という入り込み客数は、確かに大河前を上回ったが、やはり前年よりは大きく落ちていた。大河なしに４００万人のレベルを維持するためには、観光の底力を引き上げる必要があることは言うまでもないことであった。

観光の場合も、地産を強化し、外商を強化するとの二つの側面が重要となる。外商の面、すなわち、県外へのＰＲについては「であい博」などを通じて相当ノウハウは蓄積されたと言えるだろう。しかし、中山間への誘客強化のためには、地域からのＰＲ力を強化する必要があった。

地産の強化の点でも課題は大きかった。「であい博」や「ふるさと博」のメインパビリオンの主要テーマは「ドラマ」であった。このドラマによらない歴史観光資源の磨き上げ、すなわち、歴史観光の脱ドラマ化が大きな課題であった。

合わせて、歴史以外の観光資源である食や自然の磨き上げも課題であった。歴史観光のみでは裾野の広がりに限界がある。歴史ファン以外の層も取り込んでいく必要があったし、そもそも歴史観光に来てくれた方々の満足度を上げるためにも、食や自然と組み合わせた観光を楽しんでいただく必要があった。さらには、インバウンド観光の振興のためにも、観光の３要素と言われる文化と食と自然それぞれの磨き上げが必要だったのだ。

「龍馬伝」後は、観光分野の産業振興計画では、これらの課題をどうやって克服するかを軸として、政策展開していったのだ。

観光政策――本物の観光資源を

地域への観光誘客の強化と、脱ドラマに向けた観光資源の磨き上げ。この2点が「龍馬伝」後の産業振興計画の軸となった。

◉地域博覧会開催！

第一の「地域への観光誘客の強化」については、当然、地域の観光資源の磨き上げが重要であった。ただ、それに加えて、域内の各所が協調して広域の周遊ルートを作り上げ、これを対外的に上手くPRする仕組みが必要であった。地域の観光資源は継続的に手を入れなければ陳腐化する。さらには、時々の流行に応じて見せ方を変えることも必要だ。状況に応じて素早く動ける「地域の仕組み」が必要なのだ。

「であい博」「ふるさと博」の後には、「楽しまんと！はた博」、「高知家・まるごと東部博」、「2016奥四万十博」といった地域博覧会が、毎年度順次開催された。

これらは、地域の皆様の発意によるものだし、主役は地域の皆さまであったが、県としても主体的に関わることとし、職員の事務局派遣、対外PR支援、観光拠点整備の補助などを積極的に展開した。そしてその狙いは、博覧会開催準備、開催期間中を通じて、最終的に各地域に上述の仕組みを作ることにあった。

結果として、県内各ブロックに広域観光協議会が順次立ち上がっていった。仁淀観光協議会は仁淀ブルーを、東部観光協議会は世界ジオパークを軸とする、というように、それぞれ核となる観光資源を持ちながら、その磨き上げから対外ＰＲまでを担う組織だ。地域の皆さまによると、まだ課題も多いとのことだが、それでも、こうした仕組みがスタートした意義は大きい。

◉本物の観光資源を！

第二の脱ドラマに向けた観光資源の磨き上げについては、観光の３要素である、「文化」「自然」「食」それぞれの磨き上げを意図的に進めた。

文化については、本物の歴史資源を見せる施設の整備が主軸となった。

もともと県立の歴史施設は、さまざまな課題を抱えていた。坂本龍馬記念館については、雄大な太平洋を臨む最高の立地にありながら、博物館仕様ではないために国宝や重要文化財といった「本物の」資料を十分に展示できないという弱点があった。また、山内資料館の老朽化により、近世の極めて貴重な歴史資料である山内家資料の保存さえままならないという状況であった。

これらは、文化行政の観点からも大問題であったし、観光面から見れば潜在力を生かせていないということでもあった。このため、高知城歴史博物館や坂本龍馬記念館の新館建設に向かうことになったのだ。

これらの施設は、貴重な資料を展示するだけでなく、それらを保存し研究する機能も持つ。山内家資料を本格的に研究すれば、近世の歴史を書き換える大発見があるかも、との期待もあるようだ。任期の終盤になって、明治１５０年を期した新たな県史編纂事業を開始することを決めたが、同事業とも相まって、研究が深まることが期待される。

合わせて、地域地域の歴史観光資源の磨き上げも重要であった。大政奉還150年を記念して2017年から2年間開催した「志国高知　幕末維新博」の狙いの一つは、後世に残る形で地域の歴史資源の磨き上げを行うことであった。維新博のサイトは全部で25か所にも及ぶ。それぞれを磨き上げて、歴史観光の効果を地域に波及させようという狙いもあった。実際、佐川の青山文庫には、志士間の書簡などにビックネームがずらりと並ぶ。展示機能の強化は急務であった。その他にも、中岡慎太郎や吉村虎太郎の生家やジョン万次郎資料館などなど、多くの英傑たちゆかりの地の磨き上げが行われた。

同博期間中の2018年の観光入込客数は、史上最高の441万人。「大河」なくして「大河」を越えることができた。「本物」の力はやはり大きかったのだ。

高知の食の素晴らしさは、全国的なアンケート調査などによっても明らかだ。ただ、観光資源としての一段のインパクトが必要であった。このため、2013年から16年にかけて、「高知家の食・県民総選挙」を実施した。地元の人が認める名店は、観光客には分かりづらいだけに魅力は大きい。投票によって県民が選んだとなると、「名店」である客観的な担保になる。これを材料としてPRしたのだ。

3つ目の、自然体験資源の磨き上げは難しい課題だ。川も山も海も、各県が各々の魅力を持つ。更に、そのままでは外貨を稼ぎ出す観光資源にはならない。言うまでもないが、そこに何らかの工夫が必要だ。2019年から開始した「自然体験キャンペーン」の狙いは、地域の自然資源にこの工夫を施し、外貨を稼げるレベルまで磨き上げることであった。

主要アウトドアメーカーであるスノーピークやモンベルの誘致にも取り組んだが、両社ともに自然資源の磨き上げの大変良きお手本となった。プロ中のプロの仕掛けによって、以前と変わらぬ川や森が、全国から観光客を誘うことのできる魅力的なサイトへと変貌したのだ。

新足摺海洋館から四万十川ジップラインなどなど、多くの施設が今続々と完成している。これらは、地域の自然資源を生かし切る仕組みだ。そして、自然体験資源のある地域は中山間地域でもある。故に、自然体験観光の振興は、課題であった地域への周遊の促進、ひいては、中山間対策そのものでもある。効果が早期に出やすい分野だけに、中山間対策の特効薬としての期待が大きい。

コロナ禍がもたらした観光へのダメージは誠に大きい。特にインバウンド観光の展望には厳しいものがある。在任中は、経済効果の早期発現の観点から、まずは圧倒的なシェアを占める国内観光の活性化から着手した。その後、徐々にインバウンド対応を強化したのだが、その中で、クルーズ船の誘致は上手く行ったものの、チャーター便など空路の誘致には苦戦した。その展望が見えてきたところだっただけに、このコロナ禍は本当に残念である。

しかし、インバウンドを含めた観光の本格的な再開の時は必ず来る。その際、「文化」と「自然」と「食」の観光資源がフル回転してくれることを切に願っている。

最後になるが、高知の観光の最大の資源は「人」だ。コロナ禍によってもその強みは変わらない。必ずや道は開けるはずだ！

農業政策——市場ニーズに応えるために

知事在任中、もっとも強行軍だった出張は、農業関連の出張だった。２００９年11月、世界の園芸王国オランダ、ウェストラント市への出張である。同市のファンデルタック市長と園芸農業に係る技術導入に関する協定の締結を行うためであった。

約12時間のフライトの後、早朝5時ごろアムステルダム国際空港に到着。ウェストラント市で用務を済ませた後に、その夜には再びアムステルダムに戻り、成田行きの飛行機に乗った。前後の日程からごく短時間の滞在とならざるを得なかったのだが、どうしても私自ら訪問して協定を締結したかったのである。

覚悟の短期間出張だったが、私は、ウェストラント市を去ることとなった際、この出張日程を心から後悔した。もっともっと滞在して多くを学びたいと思ったのだ。

世界の園芸王国オランダの中でも最先端地であるウェストラント市。そこのハウス農家で展開されている農業の水準は目を見張るほどだった。ハウス内の環境を最適化して生育を促進する技術は極めて高度だったし、生産から加工、販売までサプライチェーンがかなりの程度できあがっている、と感じた。農家というより企業という感じであった。そして、現地のレンティス農業専門校で意見交換した学生たちからは、将来に夢をもって農業を学んでいる様子がありありとうかがえた。

◉もっと、たくさん！

農業関連では国内でも強行軍の出張をこなすことが多かった。日本各地の卸売市場へのご挨拶である。日本の園芸王国を自負する高知県の知事として、卸売市場へのお礼とトップセールスは欠かせない用務だ。それぞれの市場に朝5時ごろ、セリの時間帯にお伺いしてトップセールスを行った後、場内の業者さんたちにお礼回りを行う。前日の夜に宴会などが入っていた場合には大変シビアだったが、非常に重要な仕事であった。

その際、市場の役員の皆さまから、しばしば指摘される事柄があった。高知の野菜は質も高くよく売れるが、もっと多く、かつ安定した供給を望む、との指摘である。

高知の食の美味しさには自信がある。新鮮な海の幸は抜群だ。しかし、県外客からよく言われたのは、魚は美味しいだろうと思っていたが、野菜も美味しい、ということだ。私事で恐縮だが、新婚のころ、栃木出身の妻も同じことを言っていた。

ナス、ピーマン、シシトウ、ミョウガに生姜など、高知が全国トップクラスの生産量を誇る野菜は、高級でグラム当たり単価の高い野菜が多い。土地の狭さや物流上の不利に鑑みて選択された結果だ。そして、その美味しさは、観光振興を含めて、高知の武器だ。確かに質は抜群なのだ。その上で、量の拡大や安定供給に課題、との消費市場からの指摘にどう応えるか。この点が、当時、農業分野の産業振興計画にとって大きな課題となった。

土地の狭い高知では、土地当たりの生産性をいかに向上させるかが、この課題に応えるための肝である。このため、オランダからより優れた技術の導入を図ろうと考えたのだ。

職員から最初にこの提案を聞いたとき、何度も「本当にいいですね?進めていいんですね?」と念押しされたことを覚えている。相当のビッグプロジェクトになるが故に、トップのコミットメントが必要ということであったのだろう。

従って、たとえ0泊2日の超強行軍であろうとも、オランダまで私自ら出張する必要があったのだ。

◉日本一の!

実際には、オランダの技術を高知でそのまま導入するわけにはいかなかった。オランダの冬は極めて寒いが、高知はそれに比べれば暖かい。こうした気候の差などを踏まえて、高知県の農業技術センターでは、オランダの技術を高知風にアレンジするための努力を数年かけて積み重ねた。職員の苦労は並大抵のものではなかったと思う。やり遂げたその力量と知恵の蓄積は、まさに高知の宝だ。

その結果、2014年の産業振興計画から、いよいよこの「環境統合制御技術」を農家に実際に普及し始めることとなった。ハウス内の空気の状況を見える化したうえで、さまざまな装置によって、日射量とCO2濃度と温度と湿度のベストミックスを作り、光合成を促進して、生産性を劇的に向上させる技術である。高知には小規模農家も多い。このため、小規模ハウスにはCO2発生装置だけを、より大規模になればその他も、とハウスの規模に応じたスペックも作り出した。

高知でも残念ながら、高齢化に伴い農業生産人口は減り続け、並行的に生産量も減少してきた。高知の農業は人口減とともに縮み続けた時期があったのだ。しかし、この環境統合制御技術を核とした「次世代型高知新施設園芸システム」の普及に応じて、近年、農業生産量は拡大傾向に転じている。

売り上げを上げて、利益を出す。そのことを確実にしてこそ、若い人の就農は進む。オランダでは農業は企業的に「経営」されていた。高知でも若き農業者の皆さんと懇談した際、「自分の創意工夫が自分に跳ね返ってくる。失敗も成功もしかり。そこが面白い。」との話をよく聞いた。自らが社長となり、自ら経営する農業。若い人を惹きつける魅力に溢れているはずだ。こうした若者をもっともっと増やすためにも、技術革新の後押しなど、行政が果たすべき役割はこれからもたくさんある。

農業政策——トップランナーであり続けるために

高知県の農業政策には、その他にも多くの課題がある。その最大のものは、中山間の農業対策だ。本県農業産出量の6割は中山間からであり、中山間農業なくして本県農業は成り立たない。だが、中山間では一団のまとまった平地を取りにくく、土地改良などが困難な場合が多い。言うまでもなく、生産性向上などをはじめとして、その課題は多い。

◉未達の目標

後に国は、一団の土地でなくても、複数の土地をまとめて一定の面積が確保できれば土地改良できる制度を創設した。北川村の皆さんの政策提言が実ったものだ。こうした形で、今後も、国の農政を中山間の実情にあったものに変えていく努力を継続していく必要があるだろう。

また、生産量に限りがあり、コスト高にもなりがちな中で、どうやって高付加価値な作物を作っていくかも大きな課題だ。本県が日本一の生産量を誇る、中山間のゆずなどの産品は、こうした努力の積み重ねによって育成されたものだ。

歩留まりもあげねばならない。はねものや、低品質のものを、近隣で加工していくような仕組みも是非とも必要だろう。

在任中には、中山間で農業に誇りをもって取り組む若者たちにたくさん出会った。仁淀川町でお茶の栽培に取り組む農業者の皆さんは、急峻な土地での栽培量には限りがある中、その分、品質にこだわり、そして、関連商品も充実させておられた。産地に近いお茶カフェは山深い里の立地だが、一言で言えば、大人気である。ほかにも、土地の米を十数年のうちに全国トップレベルまで育て上げた米農家の皆さんなど、生産者の皆様の努力に数々接することができ、大いに勇気付けられたことも多々ある。

だが、そもそも跡取りのいない農地も多い。移住促進策と組み合わせて、どうやって若者の就農促進を図るかが課題であり続けた。在任中の新規就農者数は、２００８年の１１４人から２０１６年には２７６人まで拡大したが、最終目標である年間３２０人はついに達成できなかった。

移住相談会などにおいても、就農したいとする若者は多い。かたや、後継者のいない農地はたくさんある。耕作放棄地とするにはあまりにも惜しい農地だ。国の制度も活用して両者を繋ぐさまざまな取り組みを行ったが、まだまだ不十分だと感じている。今後の大きな課題である。

◉常に最先端を

土地が狭い本県にとっては、園芸農業の継続的な振興に努めていくことは極めて重要だ。土地の生産性を引き上げ、かつ付加価値の高い作物を作るという方向性を今後も追求していく必要がある。

在任中には、先人たちの努力を引き継いだ我々の世代の新たなチャレンジとして、環境統合制御技術を搭載した「次世代型高知新施設園芸システム」の開発と普及に力を注いだ。

だが、今は「次世代型」と称してはいても、おそらく10年もたてば、これらも全国的に「当たり前」の技術となっている可能性が大きい。高知が日本の園芸王国としての地位を保ち続けるためには、たゆまぬ進化を続けていかなくてはならない。

こうした意図をもってスタートした事業が、幾度かふれた「Next 次世代型こうち新施設園芸システム」の開発プロジェクトだ。「次世代型」がハウス内の大気のベストミックスを作り出して、生産性の向上を図ろうとするのに対し、「Next」は植物そのものの時々の生育状況を見える化して、データに基づき最適な生育パスを確保しようとするものである。

ＡＩによって篤農家のデータを基に理想の栽培モデルを作り出し、これと比較して、産地の各ハウスにアドバイスを送り続けることによって、産地全体として生産性を向上させることを目指している。さらには、有用な成分の濃度を上げて付加価値を上げたり、市場の動向を見て、栽培スピードを一定調整したりといった形で、サプライチェーンマネジメントを強化しようとするものでもある。

現在、農業の専門家からデジタル技術の専門家まで、１４０人以上の多彩な研究者が30の研究テーマに取り組んでいる。参加大学も、高知大学のみならず、高知工科大学、東京大学、東京農業大学、九州大学等と多彩だ。また、必要な機器やシステムの開発には民間から60社の参加を得ている。いわば、オープンイノベーション形式での開発プロジェクトだ。

開発には一定の時間がかかるだろう。しかし、さらなる生産性の向上、高付加価値化など、これによる効果は大変大きなものがある。

さらには、新たな園芸農業関連産業群の創出につながる可能性もあり、期待は大きい。現在の「次世代型」は、先述のとおりもともとオランダで開発した技術をベースにしており、関連機材などもオランダ製のものが多い。しかし、この「Next」版からは、関連のセンサーなどの機材やソフトを高知で開発している。いずれは、この「Next」版を全国、いや世界に普及していけるのでは、と期待している。世界人口の増加に伴う世界的な食糧問題の解決策の一つとなるかも知れない。高知発のシステムや機材が世界に展開する夢も開けている。

高知を日本の園芸王国から世界の園芸王国に変え、そして、高知に園芸農業関連の一大輸出産業群を作り出す可能性をもった、期待の大プロジェクトである！

林業政策――木造ビルを全国に

高知県が、全国的な連携を模索したものの中で、将来に向けて大きな手応えを感じたものの一つに、林業関連の連携がある。

2016年4月、私は、東京の経済同友会の事務局を訪れた。内閣府の地方創生を担当する幹部から、経済界も地方創生に熱心に取り組み始めており、パートナーを探しているはずだ、と伺ったからだ。

事務局のご厚意をいただき、しばらくして、経済同友会の地方創生小委員会で講演をさせていただくこととなった。これはチャンス！とかなり意気込んで、4つのテーマ、すなわち、企業と地域の交流、IoT推進、人財・ビジネスマッチング、林業振興について高知県との提携を呼び掛けた。

幸いにして同委員会のご理解も得られ、この4分野のプロジェクトについて提携させていただけることになったが、実のところ、当初は、林業振興については、都会の人々の賛同を得られるか自信がなかった。「所詮、田舎の話」と捉えられるのではと心配だったのだ。

ところが、思いがけず最も共感を得たのはこの林業振興の分野だった。何と言っても、地方創生小委員長の東京海上ホールディングス会長（いずれも当時）の隅会長が、ご自身が林家のご出身ということもあり、深いご理解を示してくださったことが大きかった。さらに、当時盛り上がり始めていたSDGs重視の流れも追い風となったようだ。

２０１７年６月には、高知県と経済同友会、土佐経済同友会の三者で連携協定を結び、林業振興を含め各プロジェクトが具体化していくこととなった。

◉持てる資源を

林業振興は、中山間対策の特効薬だ。もともと中山間の山村には、林業を主たる産業として成立した山村が多い。森林面積割合84％、全国一を誇る本県にとっては、最も多く持てる資源を生かせる道でもある。古来より、林業が栄えた時代には、高知は栄えた。大阪には土佐堀という堀がある。大阪のまちづくりに土佐の木材が不可欠だった証左だ。土佐藩の殖産興業策として、林業振興は重要、かつ、有効だったのだ。

高知では木材が年間約３００万立方メートル成長するという。しかし残念ながら、実際に伐採されているのは、産業振興計画がスタートした２００９年度当時は40万立方メートル程度でしかなかった。持てる資源を生かし切れていない状況だったのだ。

本県の林業が抱える課題は、川上、川中、川下、それぞれに大変厳しいものがある。川上では、急峻な地形故の作業の困難さが、川中では、加工工程の課題が、川下では、木材に対する需要の低迷が指摘されていた。当初、最大のボトルネックと考えられたのは、後述するように、加工工程のボリュームが川上の潜在力に比して小さいことであり、その解決は急務であった。ただ、より明るい展望を全体的にもたらし、中山間の振興に繋げていくためには、強力な牽引役として、木材需要の抜本的な拡大が是非とも必要である。

◉木造ビルを全国に

木材需要の拡大にとって極めて重要なのは、非住宅の木造化である。住宅の木造化比率は90・3%とそれなりの水準に達している。しかし、オフィスなどの非住宅となると、低層のものであっても、とたんに木造化比率は33・8%と低迷する。この木造化比率を高めることができれば、木材需要は劇的に拡大するはずである。

さらには、欧米発の新技術にも期待が持たれる。CLT(Cross Laminated Timber)である。木材を直交させて作るこの部材は、縦横両方向で強みを発揮する。欧米では、この技術を用いて中層以上のビルの建設も進んでいるのだそうだ。

「思い切ったことをしないと道は開けない。是非、CLTの全国的な普及に取り組みたい」と当時の田村林業振興部長から聞いた時、これだ!と思ったものだ。ビルが木で建てられる時代がくれば、高知は資源大国だ!との希望に胸が膨らみもした。

ただ、全国的に広めるということとなれば、高知の力のみではパワー不足だ。このため、林業振興に大変熱心な岡山県真庭市の太田市長とともに、CLT首長連合を設立することとした。各地の首長に賛同者を募り、当初は10道県、4市町村でスタートし、太田市長と私が共同代表に就任した。多くの自治体の声をまとめて、その力で関連する規制緩和などを勝ち取ろうと考えたのだ。現在、同連合の加入団体は29都道府県、81市町村まで拡大している。

さらに、本県選出の国会議員のご尽力により、国会でもCLTの普及を目指す議員連盟が発足するなど、新たな技術の開発と普及への流れが政治、行政面で徐々に強まっていった。CLT以外の様々な木の建材の開発も進んでいる。ひとつの流れが生まれてきたと言えるだろう。

だが、そもそも需要の喚起そのものをどうするかが、引き続き大きな課題であった。非住宅にせよ、中層のビルにせよ、木造とするかどうか決めるのは施主である。だからこそ、施主の皆さんが集う経済同友会などの経営者団体への働きかけを強化しようと考えたのだ。

協定締結の後、２０１８年3月には、経済同友会として木材需要振興の政策提言がなされ、隅会長と私とで関係大臣を訪問した。さらには、施主や設計士の皆さんへの普及啓発活動にも着手した。

現在、これらの活動は、木材利用推進全国会議の設立へとつながり、同友会と高知県のみならず、より全国的な活動へと広がっている。同会議には、ほぼ全ての都道府県と各地の経済同友会が加盟している。私はその設立を見届けた段階で知事を退任することになったが、これから、全国の経済界の皆さんを巻き込んだ活動が展開されるはずだ。

施主の皆さんのご理解を得て、全国に木造のビルが増えることとなれば、高知を含めた全国の林業振興の強力な牽引役となるだろう。今後の取り組みのさらなる展開を切に望むところである。

林業政策――全国一流のプラットフォームたらん！

知事として、数知れぬほどさまざまな式典で挨拶を行ってきたが、そうした中で、時々、感極まって涙が出そうになる時があった。そして、それを何とかごまかす術も身につけてきたつもりだ。

しかし、２０１３年３月のおおとよ製材の落成式典での挨拶の際は、一瞬だが涙声を隠しきることができなかった。高知の林業にとって、加工工程の強化は大きな課題であり、おおとよ製材の設立は、林業振興、ひいては、中山間振興全体に関わる極めて重要なポイントだったからだ。

◉宙を舞う！

就任してまもないころ、私は、当時の臼井林業振興部長と共に、岡山県の真庭市を訪れた。部長いわく、銘建工業は最も先進的な木材加工を行っている会社であり、何とか高知に誘致したい、とのことであった。

実際、現地を訪問して私は目を見張った。木材が、ライン上を極めて高速で加工され、その様はまるで宙を舞うようであった。しかも、木材ごとに、最も効果的な切り取り方が瞬時に選択されているという。また、端材やおがくずなども全て無駄なく燃料として活かされていた。

私の中で、製材の概念が全く変わった。そして、本県林業の課題を克服するためにも、この優れた加工体制を高知で実現したいと強く願った。それ以来、折に触れて、銘建工業の中島社長とお会いして高知進出をお願いし続けたのだ。言うまでもなく、同社の持つ潤沢な販路も大きな魅力であった。

何度もお会いしてお願いするうちに、徐々に環境も整い、２０１１年9月、同社の進出が決まった。中山間振興全般に関わるひとつの突破口がついに開けたと、落成式典の際は、思わず涙声となってしまったのである。

それ以来、加工量の拡大に併せて、本県の木材伐採量も上昇に転じ、先述の40万立方メートルから近年は67万立方メートルまで拡大することとなった。それだけ山の仕事が増えたということだ。

◉道半ば

だがその後も、引き続き多くの重要な課題が残り続けた。

本県にも優れた技術を持つ加工工場は多い。しかし、厳しい客観情勢によりその経営は苦しく、その対策は急務であった。規模に応じて、小規模なら高付加価値品の加工を、より大きければより汎用的な製品の加工を、さらには、ＣＬＴの普及を睨んでその原材料の加工も、とそれぞれに展開を図ろうとした。高い輸送コストをどうするかという問題も残る。おおとよ製材の設立が成った後、在任中にこれらの点に力を注いだが、まだまだ道半ばだ。

さらには、人手不足が深刻化するに伴って、川上の伐採工程の生産性向上も大きなテーマとなった。

そもそも、本県は急峻な山が多く施業は大変だ。中国地方を移動する際には、よく山がなだらかなのを羨ましく思ったものだ。さらには、災害によって林道が被災し、施業が不可能となることもしばしば。そもそも、林道の路網密度が他県に比べて低いという根本的な課題もある。十分な林道予算を確保できず、未だに多くの不満の声をいただいているし、災害はますます厳しさを増している。

生産性向上のためにまずできることとして、森林組合の皆様と協働して、トヨタ生産方式よろしく、秒単位で施業の効率化ができるポイントを探る取り組みなどを積み重ねた。山の資源分布をデジタル技術によって見える化する試みや、加工にあたって一部の工程を共同化するといった試みも始まっている。今後は、林道の着実な整備に加えて、川下の需要に合わせたサプライチェーンマネジメントの一層の向上といったことも、課題となろう。

そして、このコロナ禍である。先述の需要の抜本拡大の取り組みと併せて、今後も継続的に取り組み続けなければならない課題は多数ある。

◉人材こそが

先にも述べたが、ある産業を栄えさせようとするならば、その分野の人材育成こそが何よりも大切だ。「林業の振興なくして中山間の振興なし。中山間の振興なくして県勢浮揚なし。」在任中繰り返し述べたように、林業の盛衰は、本県の中山間、ひいては県勢浮揚の要を握る。他方で課題が大きいからこそ、全てを克服する最も効果的な途として、林業分野の人材育成強化が急務かつ重要だと考えたのだ。

このため、林業人材を育成する教育機関の設立にチャレンジすることとなった。単に施業の技術を教えるだけでなく、森林経営や加工工程、販路拡大も含め、林業全般を総合的に学べる教育機関を目指したのだ。

この林業大学校設立にあたってこだわったのは、教授陣だ。全国一流の教授陣によって、全国一流の林業家の卵を養成することを目指した。決して、高知のみにとどまるのではなく、むしろ、全国の一流の林業関係者のプラットフォームとなることを志したのだ。

林業振興のための全国一流のプラットフォームたらん！この意気込みを端的に宣明するためにも、校長先生が重要であった。このため、木造建築でも世界的に著名な隈研吾先生に是非お願いしたいと考えた。かなり無理筋かなとも思ったが、梼原町の矢野町長（当時）に仲介役となっていただいて必死にお願いをした。先生が木造建築に目覚められたのが梼原町であったことに賭けたのだ。了解をいただいたと担当課長から聞いた時は、うれしさのあまり、矢野町長に息咳切ってお礼のお電話をしたものだ。改めて、隈先生、そして矢野町長に、深く深く感謝申し上げなくてはならない。

欧米では、森林経営全般に携わるフォレスターという役職があり、社会的にも尊敬を集めていると聞く。森林大国である日本でもこのフォレスターが多数養成されるべきだと私は心から思う。林業全体を体系的に学んだ人材が中山間で活躍し、田舎の持てるものを生かし切る！そうあってこそ、地方の振興が成し遂げられるはずなのだ。

水産業政策──水産加工業の展開

高知の魚は大変においしい。私は、東京勤務時代に赤坂の土佐料理店に友人を連れていくのが大好きだった。カツオのたたきを食べてびっくりする顔を見るのが嬉しかったからだ。数々連れて行ったが、「え、何これ！」など驚きまじりの声を上げなかった友人は一人もいなかった。

藁で焼いたカツオに、ゆずポン酢などのタレとニンニクを合わせて食べる、この食べ方の妙が大きいのだろう。だが、一本釣りなどによって、魚を一匹一匹大事に獲るという漁の手法によるところも大きいはずだ。魚からして違うのだ。

高知の水産業は今後大きな可能性を秘めている。日本食の普及と合わせて諸外国でも寿司をはじめ生魚を食べるようになった。しかも日本の良質なネタを探す業者も増えてきていると聞く。

各地域の漁村にあって、世界を相手に若者がビジネスを展開する、そうした可能性が開けようとしてきているのだ。

◉減少一方で！

しかし、漁村の実態は極めて厳しい。漁師の数が減るのみならず高齢化も進み、漁獲量も減少の一途を辿っている。こうした状況を何とかしようと産業振興計画では、数々の試みを展開した。

第一は、漁の安定を目指す取り組みだ。漁の安定は暮らしの安定とともに、加工など更なる事業展開の基礎となる。

このため、当初、黒潮牧場を12基から15基体制に拡大するなどの取り組みを行ったのだが、加えて、２期目以降は養殖の振興にも力を入れた。

更には、資源の枯渇が心配されたマグロについて、人口種苗の開発にも着手した。種苗からの一貫生産が叶えば、需要に応じた生産などサプライチェーンマネジメントにも繋がっていく。天然種苗の漁の好調などによって、残念ながら同事業は現在停止状態にある。だが、資源の枯渇は今後も懸念される。息の長い研究が今後も続けられていくべきであろう。

更に、空いた漁場での定置網の増設や生き餌の確保など、様々な試行錯誤が続けられてきた。今後、デジタル技術を生かして、魚の所在をより的確に把握し、漁の安定を図ることを目指すマリンイノベーションプロジェクトも展開される予定だ。養殖の高度化への取り組みも期待されるだろう。

高知の漁業生産額は、２００８年の４８３億円から19年は４７１億円と、高齢化や漁業者の減少もあり、横這いから微減という状況だ。しかし、一人当たりの漁業生産額は最新のデータである２００８年から２０１８年の間に約９８０万円から約１５００万円まで着実に上昇している。また、養殖の比率も29％から53％へ上昇した。釣漁業の良さも生かしつつ、安定し、かつ、付加価値の高い漁業を目指した更なる展開が望まれるところだ。

◉加工によって

第二は、水産加工の充実である。採れた魚に付加価値をつける工程をできるだけ県内で確保したいと試みた。また、加工の仕組みを整えることにより、生鮮用以外の多様な販路を確保できることも大きい。

この水産加工の分野では、地域アクションプランとして、一からスタートした事業が多数ある。

沖ノ島に初めてお伺いした時、天糸で釣ったブリは本当においしい、これを何とか地域振興に生かしたいと夢を語る男性がいた。この若き事業者は、いまや、県外にも店舗を展開して、宿毛の水産加工を引っ張っておられる。目指せ弥太郎商人塾などの県の人材育成事業にご夫妻で参加されていたが、あれよあれよと言う間に、大きく事業展開をされるようになった。

現在までに、宿毛市をはじめ他の地域でも、規模の大小はあれ、水産加工は着実に展開が図られた。水産加工出荷額は、08年の約171億円から18年には約233億円へと3割以上拡大した。更に、16年に誘致が決まった宿毛の大規模加工場も、19年7月には本格稼働した。輸出も視野に入れた工場だ。

未だに、県全体として、冷蔵冷凍庫の整備などコールドチェーン全般の整備に向けてやらねばならないことは多いだろう。だが、先々、輸出産業としての可能性も持つ水産加工業が、県内全域に展開することへの期待は誠に大きい。

水産業政策
――「高知家の魚応援の店」制度

繰り返すが、高知の魚は本当に美味しい。多くの方から伺うことだが、私も鮮明な思い出がある。知事選挙出馬のために帰高し、久々に四万十市に行ったときのこと。昼食時に皆んなで刺身定食を食べた。朝からあちらこちらを動き回ってかなりお腹も空いていたので、刺身定食では軽すぎるかなと思ったのが嬉しい間違い。食べ慣れた東京のそれとは違って、脂ものって満足度最高の美味しさだったことを昨日のことの様に覚えている。

当時は選挙を前に公約を必死で考えていた最中。やはり大したもんだな、こうした強みがあるんだな、としみじみと感じ入ったことだった。

◉苦労と喜びと

こうした良さをどうやって、県外に伝えていくか。産業振興計画による水産分野の施策群の第三は、この外商促進の取り組みである。

どちらかというと、産業振興計画の策定までは、如何に適正かつ効率的に漁を行うかに水産行政の重点は置かれていた。従って、水産業の外商推進施策の検討には正直苦労した。一部には、これは県庁の仕事ではない、との雰囲気もあったくらいだ。

すったもんだの検討を経て、産振計画策定当初は、まずは、都会の市場関係者を産地市場に招待することから始めた。釣り方、締め方など産地の工夫を知ってもらい、その質の高さをアピールしようとしたのだ。消費者に近い市場との交流を通じて、浜の意識改革を狙ったものでもあった。

その後は、他分野と同じく消費地でのPR、商談の支援などの取り組みが積み重ねられたのだが、更に2013年になって、職員から素晴らしいアイデアが出た。「高知家の魚応援の店」制度である。

高知は釣り漁が多いことなどから、釣れる魚の質は高く、品種も多様だが、量は少ない。この少量多品種、高付加価値という特徴にふさわしい売り方として、都会の高級店舗等と産地との間で協定を結び、直取引することを狙ったものだと言う。今日はこんな魚がとれた、との浜の情報を送って店舗と直に取引する。少々割高になろうと質の高い魚を求める高級店をターゲットにしていた。

県庁の会議室で当時の東水産部長は、このアイデアを私に説明した後、「目標数は500店舗！」と思い切ったように言い、そして、私をじっと見た。どうせ私が沢山やろうと無理を言うだろうから、自分達から予め500という高い目標を提示してやろう、でもそれでも少ない、と私が言い出すのではないか、と警戒しているような、そんな様子でもあった。

しかし、私は、内心、驚き、かつ、ものすごく喜んでいた。こんな良いプランを、しかも、こんな高い目標を掲げてやっていこうと自主的に言ってくれたのだ。職員のその意識の高さが嬉しかったし、そして、最初の頃外商施策を考え出すのに一苦労したことを思い出し、隔世の感がある、と大袈裟ではなく感激したのだ。

現在、登録店舗数は１０００店を超える。産地から毎日届く入荷情報と品質の高さが受けて、数々の親方、シェフのお眼鏡にかなっているようだ。

２０１９年の売り上げ総額は約４・２億円。更に、今後は野菜などとの抱き合わせ販売も見込まれる。コロナ禍による苦戦もあろう。だが、高知の特性に合わせた流通として、今後の期待が大いに高まるところだ。

◉三次産業を

施策群の第四は、水産業と観光業とのコラボレーションである。

２０１９年から２０２１年にかけて県は観光分野で「自然体験キャンペーン」を展開した。本県では、本来海洋レジャーも非常に有力なはずだ。釣筏から外洋クルーズまで、美しく豪快な海を生かして様々な展開が考えれよう。私は、同キャンペーンの半ばで退任したし、その後はコロナ禍の影響も受けた。

しかし、私は、この分野に大いに期待をしている。漁村にサービス業を展開する大きなきっかけとなるからだ。海洋レジャーと合わせて飲食、宿泊と展開が進めば、漁業、加工と並んで、一次、二次、三次産業が漁村に揃うこととなる。

多様な仕事があってこそ、若者は地元に残ることができる。漁村という宝を生かす新たな取り組みがコロナ禍開けに本格展開することとなるよう、切に望むところである。

◉厳しさの中にも

私は本県の水産分野の将来に大いに期待を抱いている。確かに直近の状況は非常に厳しい。高齢化は進み、コロナ禍がこれに追い討ちをかける。若者の減少、所得の減少など、多くの課題に直面する漁村は多い。これは全国的な課題だろうが、特に本県ではその厳しさはひとしおだろう。

だが、開き直る訳ではないが、その分、伸び代は大きいと考えている。そして、世界への展開と産業クラスター化の成否が今後の鍵となるはずだ。

和食がユネスコ無形文化遺産になる時代である。生魚や寿司は世界に更に普及していくはずだ。日本の漁法による、日本の魚でなければ出せない味がある。そして高知ならではの味があることを否定する人もいないだろう。水産業の輸出展開の可能性は大いに広がりつつある。

そして、漁村には、漁業、水産加工業に加えて、観光業の集積を図る余地がある。水産加工業を着実に育成することと併せて、海洋レジャーと漁業との良き連携を図ることができれば、多様な職が漁村に生まれることとなる。

コールドチェーンをどう確保するのか、海外の販路をどうやって開いていくのか、海洋レジャーを展開するにしても、核となる観光商品をどう作るのか、高知では検討すべき課題は多い。

だが、例えば、地元の海とタイアップした土佐清水の新しい水族館 SATOUMI が人気を博している様に、確実に、海に対する観光需要はある。観光PRに訪れた外国でも、高知流のカツオのたたきはやはり好評だった。高知でも可能性は確実に開けてきていると思っている。

長い海岸線を持つ高知県。その美しい、私たちの持てる資源を生かしきれるか。水産業の振興はそういう意味を持つ、大きな課題だ。

商工業政策
――ものづくりの「地産地消」と「地産外商」

高知県の製造品出荷額は長年全国最下位クラスだ。不利な立地が影響しているのは間違い無いが、戦後、国策の大きな流れから外れてしまったことも大きいだろう。戦後の国の看板政策である「太平洋ベルト地帯構想」からも「新産業都市構想」からも、高知県は完全に対象から外れた。結果として、他県では当たり前の大規模コンビナートはなく、臨海型工業団地の規模も他県に比べて随分小さい。ただ、それはそれとして、現在は、コンビナートの無い海の良さを生かして、一次産業振興や観光振興に取り組んでいるのだが。

しかし、規模は小さくとも、高知には全国トップクラスのきらりと光る技術を持つ製造業が数々ある。伝統ある農林業用工具由来の技術に、斬新な発想と先端技術を組み合わせて、日本有数のシェアを誇る企業もいくつかある。

産業振興計画では、製造業の中でも、食品加工業への支援からスタートした。本県が比較優位を持つ一次産業との相乗効果を狙ったものだ。更に、その他の製造業に関連する施策を本格化させたのは第２期計画からである。

県として、工業技術センターによる技術支援や工業団地の整備、企業誘致といった従来からの振興策に加えて、新たに何ができるか模索したのだが、そもそも、ＯＥＭや下請けなど、独自の固定ルートを持たれている場合も多く、新たな挑戦をどう行うかは試行錯誤が続いた。

因みに、工業団地については、財政難のあおりを受けて数年来整備が停止されていた時期がある。近年になって、津波対策のための移転用地としてのニーズも高まったことから、その整備を加速させている最中だ。

◉ゆりかごを

結果として、取り組みの柱は３つとなった。

第一は「ものづくりの地産地消」を進めようという取り組みだ。県内事業者の具体的な事業ニーズとそれを満たし得る事業者とのマッチングを行うことにより、県内事業者間の新たな取引を出来る限り促そうと考えたのだ。２０１１年6月には「ものづくり地産地消センター」を立ち上げ、この取り組みをスタートさせた。この取り組みを通じて80件超のプロジェクトが立ち上がっている。

更に、センターの開設に先立ち、「課題解決型産業創出」の取り組みもスタートさせた。当初は、県庁職員と専門家によって農業や水産分野などの課題を抽出して、その課題を解決する事業者を募集するというものであった。後に、県内事業者に未解決の課題を提起してもらい、その解決策を提示できる事業者を募り、その事業化を応援するという事業に発展させた。また、３期目には、ＩＴコンテンツ産業振興の取り組みとも連動させて、デジタル技術を活用した課題解決・事業創出の取り組みも付け加えた。

先にも触れたが、これらは、県として、シーズとニーズの出会いの場を設けて、新たな事業の創出を図ろうとするものだ。

正直なところ、これらは行政の施策としてはかなり野心的な取り組みであり、まだまだ道半ばでもある。養殖自動給餌システムや農産物出荷予測システムなど既に完成し本格的な事業化へと歩み出した商品もある。更に、現在進行形のプロジェクトも17件あるが、本格的な事業展開につながるにはまだまだ時間がかかるだろう。

だが、新たな事業を生み出す「ゆりかご」となり得るプラットフォームを、官民共同であえて設ける意義は大きい。退任して1年、この取り組みがＩＴ協会（公益社団法人企業情報化協会）のＩＴ最優秀賞（社会課題解決領域）を受賞したことを報道で知った。「ゆりかご」への期待は大きいのだと改めて感じたところだ。

新たな事業創出が簡単にできる訳はない。ニーズとシーズのより効果的なマッチング方法の検討や、規模拡大に向けた支援策の充実など、様々な政策的改善が求められるのであろう。

時間はかかろうとも、失敗はあろうとも、新たな事業創出を目指して、官民協働で挑戦し続けていく必要がある。新陳代謝は経済発展にとって不可欠なものだからだ。

◉地産外商

第二は「ものづくりの地産外商」の取り組みだ。食品加工分野の地産外商で獲得したノウハウを生かして、ものづくり分野でも県内事業者の県外販路開拓支援策を展開していった。下請け、ＯＥＭに並ぶ、独自の新たな事業展開をお手伝いできればとの思いであった。

２０１４年4月には、「ものづくり地産地消センター」を「ものづくり地産地消・外商センター」に拡張するとともに、東京の浜松町に同センターの東京事務所を設けて外商拠点とした。

同センターを中心として、全国的な大規模商談会の場で高知県ブースを設け、事業者の商談機会を創出、併せて、後追い営業をバックアップするなどした。更には、センター職員がより前面に立って営業を行うケースも多々あった。

幸いにして、こちらは一定の成果につながった。ものづくり地産地消・外商センターの仲介によって得た契約金額は、12年の2・5億円から、19年には77・2億円まで拡大した。外商センターでは、商社出身のノウハウ豊富なスタッフを多数雇用したが、その活躍は掛け値なしに素晴らしかった。そして、何より、事業者の皆様の、独自の技術と商品力が認められた結果だ。

更に、ものづくりの地産外商分野でひとつの柱を据えたことも有効であったろう。新たに打ち立てた柱、即ち、防災関連産業の育成である。

商工業政策――防災力強化と産業創出

高知は災害が多い。これまで数々の困難をくぐり抜けてきた分、県民の災害に対するノウハウは豊富だ。現在も、南海トラフ地震対策や豪雨災害対策など、発災直後から応急期、復旧期までをも視野に入れた様々な対策が官民協働で講じられている。

そのノウハウは、高知のみならず、全国、いや、世界的にも有益であるはずだ。防災関連産業振興の取り組みは、このノウハウを新たな産業創出に繋げようという、いわば災害が多いという弱みを強みに転じようというものだ。

◉車の両輪として

更にその他の狙いもある。そもそも、防災対策は重い負担として捉えられがちだ。東日本大震災の後、南海トラフ地震対策を抜本強化する必要が明らかになるにつれ、重い重い荷を背負ったという気分が県内にも蔓延した。防災関連産業振興との方針は、そうした中で、何とか明るい展望も示したい、との願いを込めたものでもある。

また、防災力強化と産業創出が、車の両輪として相乗効果を生み出すことを狙ったものでもあった。防災対応力が増す中で、そのノウハウが防災関連の製品やサービス開発に繋がり、それが防災対応力を更に向上させる、といった好循環を生み出すことを意図したのだ。

防災関連産業の育成にはこのように多くの願いが込められていた。無から有を生み出すような挑戦だったが、是非とも成功させたい施策であったのだ。

まずは防災関連事業者の集まるプラットフォームを作り、専門家による講演から具体的な商品開発のアドバイス、基準をクリアした製品の県による認定など、一連の製品開発の支援策を講じた。併せて「外商センター」による販路開拓支援を行い、そのターゲットを、他県の自治体等も含め全国に広げていった。

先述のとおり、ものづくりの地産外商分野は全体としてその規模を広げていったが、その中でも防災関連産業はゼロから始まって大きく規模を拡大していった分野である。県の認定を受けた防災関連登録製品・技術の売上額は、初年度の２０１２年度にはわずか6千万円。しかし、19年度には、61・3億円まで拡大した。

毎年、横浜や大阪では防災関連技術展が開催される。同展では、毎年、入り口付近の比較的目立つコーナーに高知県の専用ブースを設けていただき、10社以上の県内企業が売り込みを行ってきた。自治体による取り組みは珍しいと、主催者が配慮してくださったものだ。

同展では、毎年、私もオープニング式典に参加し、本県の防災対策についての講演も行った。本県など災害常習県の取り組みに対する関心は、東日本大震災以降大変高まっている。私の拙い講演にも、毎年会場いっぱいの聴衆が来てくださったし、講演の後に本県ブースに立ち寄っていただいた方も多い。

防災対策には膨大なコストがかかる。防災関連産業育成の取り組みは、それを、なんとか、経済活性化というプラスの側面にも繋げていこうという取り組みだ。今後、外国への輸出も有望だろう。更なる展開を切に望んでいる。

防災が典型であるように、負担やコストと捉えられがちな分野は、往々にして多くの人々が取り組まなければならない分野だ。その関連製品の需要は大きく、また、コスト削減や効果拡大に繋がる工夫は大いに歓迎されるだろう。故に、弱みを強みに転じるチャンスが出てくるのだが、本県でもこうした分野は他にも色々と考えられる。中山間の暮らしの厳しさを克服しようとする工夫の中から、新たな産業が多数生まれてくるかもしれない。地球温暖化対策の必要の高まりに合わせて、山深さを生かしてグリーン産業の育成を図ることも考えられよう。

「持てる強みを生かす」のみならず、「弱みをも強みに転じる」。この姿勢が今後も大事だと思っている。

◉強面の皆様にも

ものづくり分野の支援策の第3の柱は、各社の事業戦略作りのお手伝いだ。

言うまでもないが、良き事業展開の第一歩は、良き作戦を練ることだ。そして、作戦は状況に応じて柔軟に見直されなくてはならない。この新たな事業戦略作りをサポートすることを、県として試みたのだ。

もちろん、事業経営の経験のない県庁職員が事業戦略作りをお手伝いできるわけもない。ものづくり地産地消・外商センターに民間から戦略作りの専門家を多数お雇いした。更にセンターでは、戦略策定後にそのPDCAサイクルを回すお手伝いも行った。

当初、この事業を立ち上げようとしたとき、「大きなお世話だ」という反応が多々返ってくるのではないか、と心配した。事業の中核に関わる、いわばツボを狙ったものではあったが、他方で、外部からは触れがたい領域にも思えたのだ。

だが、結果として、最も好評だったのはこの施策だったように思う。高知県工業会の重鎮の皆様は、良い意味で「強面」の方々が多い。私も含め県職員もあまり褒められることがなかったのだが、この施策は褒めてもらった。是非、継続的に息長く展開すべき事業だと評価してくださったのだ。

県では週一回いわゆる幹部会を開催する。知事、副知事、部長格の職員からなる庁議である。毎回、簡単に各部から業務の進捗と今週の課題について報告があるのだが、ものづくり地産地消・外商センターを管轄する松岡産業振興センター理事長からは、毎週、毎週、新たな事業戦略作りに着手した企業が何件で、完成した企業が何件、という報告がなされた。それだけ重視した施策だったということだ。

毎週、毎週その数は増え、現在は、概ね２００社超が策定を終えた。ＰＤＣＡサイクルを回す3年間の伴走支援を終えた事業者も49社に至る。

良き作戦によって良き事業展開がなされる、そうしたケースが更に増えていくこととなるよう、今後も末長く取り組むべき施策だろう。

商工業政策
――商店街の振興とデジタル分野の産業育成

商工業分野では、商店街の振興も大きなテーマであった。高齢者や環境に優しいコンパクトシティ化の要請に応えるためにも、中心商店街の活性化は重要だ。また、その土地の顔である中心商店街には、観光面での期待も大きく、そのためにも活性化は重要なテーマだ。

県としての作戦は二つあった。高知市の中心商店街では、人の集まる公共施設をできるだけ中心街に呼び戻し、それによって人の流れを作り、民間投資も呼び込もうと試みた。

県立大の永国寺キャンパスを拡張するとともに、新たに高知城歴史博物館、オーテピア（県市図書館等複合施設）を市内中心部に設置した。それぞれの施設の役割、機能に照らしてその必要があったからであるが、併せて、街の賑わいを作り出す役割を期待してのことでもあった。

第二は、商店街ごとに外部に訴求する特色を持たせる取り組みだ。コンビニの普及などによって流通、小売のあり方が変わる中、住人の日常生活を支える場という役割に加えて、域外から外貨を稼ぐ商店街という展開が更になされることを期待したのだ。高知市中心商店街であれば、高知の顔としての売りが、その他も、魚の町、和紙の町などなど、それぞれの展開が考えられよう。

3施設の完成とともに、民間の住居・商業施設が新たにできたこともあり、高知市の中心商店街の通行量は長年の低下傾向から増加傾向に転じた。だが県全域を見渡すと取り組みはまだまだ発展途上だ。外貨を稼ぎ出す商店街としての展望が更に開けていくことへの期待は誠に大きい。

◉そして時代の流れを

先にも触れたが、高知は、戦後の重化学工業隆盛の時代には、時代の流れに十分に乗りきることができなかった。だが、だからこそ、これからは新たな時代の流れを是非とも掴み取って行かなくてはならない。

こうした思いでスタートした事業が、いわゆるデジタル分野の産業育成だ。

当初は、いわゆるガラケー向けゲーム開発への支援策からスタートしたのだが、スマホの普及をはじめとしたデジタル化の本格的な展開を受けて、3期目から施策を本格化した。

この分野では地理的なハンディはないが、他方で、優れた人材の集積する地となり得るか否かが優劣を決める。このため、産業振興計画の中では例外的に徹底した企業誘致に動き、かつ、人材誘致に努めた。人材集団たる企業の誘致、というイメージであった。人件費や事務所費負担の軽減などの支援策も全国トップクラスのものとし、東京でもたびたびセミナーを開催して誘致活動を行った。

併せて、人が人を呼ぶ業界であることを踏まえて、本県出身で同業界で成功された武市智行さんにアドバイザーに就任していただき、誘致対象を様々に紹介していただいた。紹介していただいた企業の中には、その誘致が核となってお知り合いの企業の誘致に次々とつながるような企業もあった。

ただ、もう一つ工夫が必要だった。それは、人材育成の場の確保である。高知は、よさこいを産み出したことでも分かるようにユニークで創造的な人材の多い地である。しかし、デジタル関連の人材育成の場は、大都市に比べて希少であった。

当時、都会では同分野の人材が不足し始めており、地方の人材に目が向くトレンドにはあったものの、新たな人材育成の場がなければ、早々に人材不足の壁に打ち当たってしまうことが予測された。この壁を乗り越えようと２０１８年４月に設立したのが、高知県ＩＴコンテンツアカデミーである。

プログラミングの基本から、デジタル事業の展開まで、各種の講座を取り揃えた。初年度は11講座だったが、ニーズに応じて拡大し直近では20講座を超えている。ゲームデザインの講座など、進出企業のニーズに応じてカスタマイズした講座を設けたりもした。こうした人材確保、育成のサポート体制があることを誘致に当たっての売りにしようとしたのだ。

この分野の企業立地は比較的うまくいった。私の在任中には22社立地し、３００人程度の新たな雇用を同分野で生み出すに至った。

その上で、先述のとおり、課題解決型産業創出事業や、「Next 次世代型こうち新施設園芸システム」の開発プロジェクトなどを通じて、一種のプラットフォームを作って、「地場産業×デジタル＝地場産業の高度化」を目指す取り組みを進めてきた。誘致企業の集積があったればこそ、その展望も開けてきたと言えるだろう。

◉牽引役として

これから、あらゆる産業はデジタルと関わることになるだろう。重化学工業を中心に産業振興をしていた時代に、コンビナートが不可欠であったように、デジタルの時代に、デジタル人材の集積は不可欠だ。

コロナ禍によってリモートワークも進む中で、リモートによって人材ネットワークを作り上げる工夫も当然のように求められるであろう。「ITコンテンツアカデミー」も濵田県政の下で「高知デジタルカレッジ」として強化された。高知工科大学において、デジタル系の新たな学群を作ろうという動きもある。詰めるべき点も多々あろうが、今後の展開が楽しみな構想だ。

国のデジタル庁設立の動きと同様に、地方でも行政がデジタル化を率先垂範する必要もあろう。任期の最終盤、19年6月には、高知県行政サービスデジタル化推進会議を立ち上げ、具体的な施策の検討に取り掛かった。その目的は、決して、行政の効率性、利便性向上にとどまるものではない。高知のデジタル化を牽引し、ひいては、様々な新事業を生み出す一助となることも意図したものだ。

デジタル技術を活用した課題解決型産業創出事業などのプラットフォームも展開されている。人材育成事業とも相まって、高知が、優れた人材が集まり、新たな事業が次々と生み出される場となれば、との期待は大きい。

官と民、双方に関わるデジタル化推進の仕掛けがなされてきた。戦後の轍を踏まず、新たな時代の流れの先端を高知が行くことができるように、これらの取り組みが成功裏に展開していくことを心から望んでいる。まだまだ始まったばかりなのだ。

商工業政策――高知ならではの企業誘致も

繰り返すが、産業振興計画では、企業誘致から地産外商へと重点を移した。多くの自治体がその振興策の柱に据える企業誘致だが、残念ながら私の見るところ、高知は他県に比べて有利とは言い難い。故に、この企業誘致の分野でも、高知ならではのやり方を模索する必要があったのである。

◉あっという間に

私の妻は栃木県南部の大穀倉地帯の出身だ。20年ほど前だったか、妻の実家に帰省した際に、大規模な工業団地が建設されていることを知った。どんどんアジアに企業移転が進んでいるのに時代遅れな、と思ったのだが、数年後に訪れて、正直びっくりした。あっという間に団地が工場で埋まっていたからだ。それどころか近隣には大規模なアウトレットまでできていた。

事情を知って私は深く納得した。高速道路の新線ができ、栃木と東京とのアクセスが劇的に改善していたのだ。都心まで1時間でたどり着くのだという。

まだ、高知の知事になるとは露ほども思わないころだったが、それでも私は心底羨ましいことだと思った。こうした恵まれた田舎もあるのだな、と。

企業誘致にはリスクもある。企業側の事情で一方的に撤退されてしまうことだ。在任中も二度ほど大型の撤退事案があったが、さまざまな引き留め工作を行い、当方からすれば法外な優遇策も示してお願いしたものの、企業の論理の前には全く歯が立たなかった。民間の経済原理からすれば当然なのだろう。むしろ、一定の撤退があり得ることを前提に、多種多様な企業誘致を行う必要がある。

「大都会まで1時間の田舎」といった恵まれた条件を持ち、この多種多様な誘致が可能な地域であれば、私も徹底した企業誘致中心主義でいく。だが高知は、交通の要衝や幹線ルートから外れていることに加え、津波想定34メートルに代表される災害リスクもあり、そうはいかない。

実際、在任中、名古屋や大阪で何度も企業誘致セミナーを行い、本県独自の優遇策等をPRしたが、既進出企業との絆を深める良い機会とはなったものの、これを通じて新たな誘致に繋がった案件はほんの少しだった。「津波がねぇ〜」と何度言われたことか。工業団地を造り、優遇策をテコに誘致を図る、といった普通のやり方では苦戦を免れなかったのだ。

◉プロジェクトの誘致を

このため、企業誘致に関しても、本県独特のやり方を模索する必要があった。既に述べたこととも重なるが、このやり方をまとめれば3つのパターンに分類できる。

その第一は、産業クラスター形成の一部をなすように誘致を仕掛けることであった。次世代型ハウスや大規模養殖事業など、一次産業に関わる比較的大規模なプロジェクトを中心に、その前工程、後工程、関連産業群を一か所にまとめる「産業クラスタープロジェクト」を、県内で現在20か所程度展開している。

その一環として、四万十町の大規模園芸ハウスでは種苗の生産会社などが、また、大月町、宿毛の養殖事業に関連して最新鋭の水産加工場の誘致が実現した。

林業分野では、ボトルネックとなっていた加工部門を強化するため、大型製材工場の誘致が一貫した目標となった。豊富な木材資源が武器となって、前後の工程の中間に位置する企業の誘致が実現したのである。

第二の方法は、そもそも地理的なハンディなどない分野の企業誘致である。コールセンター誘致は有望な分野であったし、デジタル関連産業の振興策では、企業誘致そのものが戦略の柱となった。人材の有無がこの分野の誘致の鍵となる。このため、県として、人件費等への手厚い補助制度を設けるとともに、人材育成の場である「ＩＴ・コンテンツアカデミー」を設立し、人材育成・確保の機会の充実ぶりをアピールして誘致に臨んだのだ。

結果として、この分野の企業誘致はうまくいったことは既に述べた。デジタル技術による地場産業の高度化が求められる時代に、これらの誘致企業への期待感は大変大きい。また、アフターコロナの時代のリモートワークの受け皿として、さらなる誘致も期待できよう。

第三の方法は、いわゆるオープン・イノベーション・プラットフォームを作り出し、そこに参加企業を募っていくというやり方だ。

例えば、農業分野で仕掛けたNext次世代型ハウスの開発プロジェクトでは、現在60社の参加を得ている。結果として、企業立地に繋がれば良し、そうでなくとも、地元企業との提携などといった形で企業活力の導入や人的ネットワークの形成などが期待できる。

高知は課題先進県だ。解決すべき課題が多いということは、すなわち、事業の種が多いということでもある。課題に応じたプラットフォームを作り、参加企業を募る。これは、田舎だからこその可能性をもつやり方だ。

条件不利地の中の不利地として企業誘致には苦労したのだが、この分野でもまた、職員の大きな頑張りと県外在住の県出身者等多くの皆さまのご協力によって、高知ならではのやり方を追求してきたのである。

閑話休題

酒席と県政

閑話休題

酒席と県政

知事在任中には、本当に数多くの酒席をこなしたのだが、正直なところ、知事としてお酒には大いに助けられた。ストレス解消ができたという意味ではない。多くの話を率直に聞け、多くの「仲間」ができたという意味でだ。

私は、自分で言うのもなんだが、相当飲める方だ。若いころは飲み過ぎて、今思い返しても、赤面し反省しきりの「武勇伝」も多い。

さすがに知事になってからは、知事としての自覚ゆえに、また、やや年をとったということもあり、「武勇伝」はなくなったつもりだ。だが、かなり飲める方であるのは、今も変わらないつもりである。

◉大変なことに

だが、知事選出馬のために高知に帰って早々のころまでは、実は日本酒が苦手だと自分では思っていた。ビールや焼酎ならかなりいけるが、日本酒は胸を巻くように気持ち悪くなると思っていたからだ。だから、日本酒で行われる土佐流の献杯返杯はお断り、ということになっていた。

生まれて初めての大規模な土佐流の酒席は、知事選出馬のため帰高してすぐ、ある県議の先生の県政報告会であったが、その場では、私の代わりに陣営の県議さんが真っ赤になりながら全ての杯を引き受けてくれた。そうした調子で、しばらくは日本酒お断りで通させていただいたのだ。

ところが、当選して、３週間ほどした年末、ある市で行われた祝賀会にお伺いした時のこと。宴会が始まって早々に、この大祝賀会の主役の方が、起立した状態で私に献杯をしてくださった。土佐流の礼儀によれば、この杯はすぐに飲み干して相手に返し、お酒を注がねばならない。主役の方からの献杯だけにさすがに断りづらく、礼儀に則ってその杯を飲み干しお返しをした時に、回りをチラと見て私は嫌な予感がした。皆さんがまだ座っている状態。その中で起立してのやりとりであったために、一言で言えば皆さんにしっかりと見られていたのだ。

おお、飲むのか、という感じでわぁーとたくさんの方が寄ってきてくださって、またたくまに、10杯、20杯と杯を重ねることとなった。これは大変だ、救急車騒ぎになるかもしれない、と内心かなり焦った。知事就任早々に大失態となってしまうかも、と不安でいっぱいになったのだ。

ところが意外なことに、私は、全く平気だった。全く気持ちも悪くもならず杯を重ねることができた。要するに、土佐のお酒は淡麗辛口だから大丈夫だったのだ。土佐酒は大丈夫、というか、体に合って、しかも美味しいことに気がついたこの宴会は、私にとって生涯忘れることのできない酒席となった。

それ以降、日本酒の献杯返杯はいわば私の得意技となった。だが、最初のころはそれでも大変だった。前任の橋本知事がお飲みにならなかったこともあり、「本当に飲むのか」しかと確かめようとされる方が多かったからだ。ある業界の新年会では、私の前に行列がずらり。20メートルはあったと思う。その中にはお盆にお酒をなみなみと満たして献杯してくださる方もいた。私の度胸を試す様子でもあった。私は負けん気だ。当時は40歳だったから尚更だった。お酒を一気に飲み干し、お盆をすぐに相手に返した。相手の方はびっくりした顔で、自分はいらないと言われたが、私は礼儀に則ってそれでも注ごうと試みたのだが…。

お盆がビールの大ジョッキだったり、お鍋用のお椀だったりと様々だったが、多分こうしたことを20回くらい行ったころには、もうそうしたことはされなくなった。あいつは飲める、と皆さんが認めてくれたのだろう。

◉飲んだら友達

おかげでよく酒席にもお誘いいただいた。公式行事ばかりではない。地域のお祭りや集まりにもよく誘っていただいた。おかげで率直に色々なお話を聞くことができたことは、本当に知事として有意義であった。各市町村を1日かけて回る「対話と実行行脚」の取り組みでも、日程の最後に、参加していただいた方々との懇親会の場をできる限り設けた。昼間はああ言ったけど、実はね、というお話を聞きたかったからだ。各種の行事でも、お祭りの飲み会でも、時々の県政課題について、そんなことがあるのか、とか、ああそういう見方をされているのか、という気づきを得ることがたくさんあった。

そして、もうひとつ。お酒のおかげで多くの方々と次々と仲良くなれた。土佐流おきゃくの「飲んだら一発友達」との経験をたくさんしたのだ。この人間関係がその後の昼間の仕事にどれだけ生きたか、その効果は計り知れない。

私は、妻が飲めないこともあって、実は家では一滴も飲まない。コロナ禍で飲み会がなくなって約２か月ほど、全く飲まずとも全然平気だったことからしても、間違いなく、私が好きなのは、お酒そのものというより、酒席の雰囲気だ。

その酒席によって、私は誠に多くを聞き、同志を得た。ふざけてではなく、大真面目に、土佐流の酒席は県政にとって誠に重要であった。

第4章

防災対策
——命を守り暮らしを守る

必ずある　助かる道

楽譜に沿って素晴らしい演奏を披露する。大変創造的なことだ。だが、政治家は、新たな楽曲を作ったか否かでその真価を問われる。そして、作りたい曲ではなく、作るべき曲を作ることを求められるのも政治家だ。

首長は、メディア受けする「やりたいこと」への誘惑にもかられる。だが、それが県民のために今「やるべきこと」とは限らない。たとえ労多く、地味だろうとも「やるべきこと」を首長は常に優先しなければならない。

私はこう自戒してきた。

◉吹っ切れた迷い

知事として、つらく、困難で、地道だが、「やるべきこと」の典型が南海トラフ地震対策だった。そして、その抜本強化を図るきっかけが在任中二度訪れた。

２０１１年３月11日、知事室に入ろうとした瞬間に緊急地震速報を聞いた。東日本沿岸部を襲う津波の映像に目を疑い、茫然としたのだが、間もなく高知にも出た大津波警報への対応に追われることとなった。

数日してやや落ち着いたころ、私は深い迷いに取りつかれてしまった。高知は果たして大丈夫なのか、という迷いだ。

既に、相当な対策を取ってきたつもりだった。さらにといっても、財源の制約もある。地震リスクを過度に強調すれば、企業誘致や観光など経済面に悪影響を与える恐れもあった。

迷った私は、被災地からじかに学ぼうと、4月に東北を訪問した。被災地の皆さまに迷惑を掛けないよう、関係部局の副部長と秘書官と私だけでレンタカーに乗って被災地を回った。

そして、覚悟は決まった。現実は報道よりもはるかに悲惨であった。全てが津波にのまれ、音さえも失った景色。しん、とした被災地で私は自然の無慈悲を思った。堤防周辺の土地が根こそぎ削られた様は、既存の土木対策をあざ笑うように思えた。

矢も盾もたまらず、帰高後直ちに対策強化に着手した。津波避難空間の整備を最優先に、できることから取り組み始めたのだ。

次の契機は約1年後に訪れた。全国最悪、34メートルの津波想定高の発表である。

東北の被災地を訪れて

政府が想定を再検討していることは知っていたし、20メートルぐらいは覚悟していた。しかし、発表2日前の2012年3月29日夕刻、南国市内を公用車で移動中に、危機管理部長からの緊急連絡によって、この想像を超えた想定を知らされた。

危機に弱いリーダーでは命を守れない。故に常に強くあろうと心懸けてきた。しかし、あの時は高知の前途を思い、車中で秘かに涙した。

経済的にこんなにも大変な高知が、何故ここまで打ちのめされなくてはならないのか。せっかく龍馬伝で盛り上がってきたのに、と恨みもした。逃れられぬ重圧に体を締め付けられる思いもしたものだ。

◉シェルター構想

何より心配したのは、県民の気持ちが一斉に後ろ向きになることだった。

どうせ地震が来たら終わりだ、との空気が蔓延すれば、地震が来る前に高知はダメになる。前向きな取り組みなど消え、高知を去る人も増えるだろう。

まずはこの気持ちの問題こそが大問題だった。笑われもしたが、地下シェルター構想を急いで発表したのもこのためだ。たとえ津波が100メートルだろうが、助かる道は必ずある、と県民へのメッセージのつもりだった。

併せて、避難空間の整備を急加速した。財源が足かせにならぬよう、市町村分を県が負担する異例の措置も設け、大いに活用した。

いつ来るか分からぬ津波に備えるためであり、そして、県民の日々の気持ちを守るためでもあった。

試行錯誤で道開ける

南海トラフ地震対策は広範多岐にわたる。津波対策に加え、揺れ対策や火災対策も必要だ。さらに、被災後の救助や災害医療、物資搬送などにもあらかじめ備える必要がある。

対策を抜本強化し始めたころは、それこそ朝から晩まで会議を開いていた。やるべきことのあまりの多さに目まいがする思いがしたものだ。

だが、職員も危機感を持って献身的に頑張ってくれた。まず各部局に考えられる強化策を挙げてもらい①発災直後の命を守る対策、②応急期の命をつなぐ対策の事前準備、③生活を立ち上げる対策（復旧、復興対策）の事前準備——の三つの柱に沿って整理した。

その上で、産業振興計画同様、ＰＤＣＡサイクルを徹底し、毎年度対策を強化していった。施策数も強化前の１１１から、退任時には２８２にまで至った。

◉全庁挙げて

南海トラフ地震対策に関して、県庁内で徹底した原則が三つある。

第一は、広範な課題に対応するため、産業、医療福祉担当を含め、全ての課室が対策を講ずべし、という点だ。南海トラフ地震対策課は、とりまとめ役にすぎない旨を徹底した。

第二は、当然のことだが、官民協働、市町村政との連携協調を図ることだ。

そして第三は、たとえ今は答えを見いだせなくとも、最悪に備えよ、という点である。

34メートルもの津波を引き起こす地震は、俗に1000年に一度の最悪のケースとされる。そのための対策は困難を極め、ひるみがちにもなる。実際、対策不能な地震など想定しなくていい、と言い放った他県の首長もいた。

果たして、それほどの津波に対して避難場所など整備できるのか等々、当初は答えを見いだせない場合も多かったが、勇気を持って踏み出した。

行政は、答えのない課題を嫌う。うかつに取り組んで失敗を責められるよりは、何もしない方がマシだ、となりがちだ。ただ、超大規模災害対策ではそもそも答えなどない場合の方が多い。だからこそ、まずは課題に取り組もう、と徹底する必要があったのだ。

避難路、
避難場所：
1,445か所
津波避難タワー：
112基
※退任時

津波避難路　津波避難場所　津波避難シェルター　津波避難タワー

津波避難空間の整備

そうして整備した避難路、避難場所は１４４５か所、避難タワーは１１２基（退任時）。不可能と思われた避難場所確保も一定進んだ。

当初答えはなくとも、試行錯誤を経て、県民のご協力もいただきながら、だんだんと道が開けてきたのである。

◉国を動かす

地震対策には膨大な財源が必要だ。このため、国を動かすことが絶対不可欠であった。

当時、東日本大震災からの復旧が最優先とされていたし、これは当然のことであった。高知県も職員を派遣するなど力を注いだが、併せて「西日本の大地震にもあらかじめ備えを！」と徹底して訴えた。

ありがたい契機が二度あった。

第一は、政府の関係委員会の委員に就任したことである。国の南海トラフ地震対策大綱の方針作りなどに関われたことは大きかった。

第二は、政界における国土強靭化の動きである。この強力な動きを生かそうと、西日本９県で知事会議を立ち上げ、協働して、政党幹部をはじめ多くの国会議員に、財源措置の充実と南海トラフ地震対策特別措置法の制定を徹底して働きかけた。古巣の財務省とも、時にけんか腰の議論をしたほどだ。

我々の運動も少しは貢献したのかもしれない。２０１３年11月、議員立法で同法が成立した。「科学的に想定し得る最大規模のものを想定」した法律だ。立法に向けご尽力された先生方に心から感謝申し上げげたい。おかげで国も「最悪に備える」姿勢を強化していった。本県にとっても、誠に心強い動きであった。

将来の危機を想定して

ある文化イベントで話したベテランパイロットの方いわく、自動操縦中も決して暇ではないという。「今、こうしたトラブルが起きたらこういう手順で、ここならこの空港に着陸しよう」といつも考え続けているとのことだった。

私は知事の仕事も同じだと思った。

知事の仕事の最たるものは危機管理。それには狭義と広義の二つがある。

狭義の危機管理は、文字通り災害など今発生している危機に備えるものだが、広義のそれは、今はなくとも将来発生しうる危機を想定し、先回りして対応するものだ。

見えずとも起こりうる危機に備えるという困難な仕事に、私も四苦八苦し続けたのである。

◉手放せぬスマホ

狭義の危機管理事案は、それこそ24時間365日。在任中は常にその対応に追われた。大型の鳥が川で死んでいます、と連絡があれば、鳥インフルエンザを疑って警戒。夜半から県東部で大雨警報発令見込みとの急な連絡を受け、懇親会出席を取りやめ自宅で待機。

夜中も含めたびたび連絡がくるため、スマホを手放すことはできなかった。

退任後、県内での竜巻発生を散髪中にテレビで知った。知事なら発生後速やかにスマホが鳴る。知事でなくなったことを改めて実感したものだ。

広義の危機管理はさらに難しい。危機の芽をあらかじめ見いだすところから始めなければならない。南海トラフ地震対策などの事前防災が典型だが、何が起き得るか想像を重ねて対策を練ることになる。仮にこれが起きれば、その影響は、などと考えていくと、悲観的な状況が次々想像されてくる。精神的にもきついが、必要な備えだ。

退任後、顔が柔らかくなったとよく言われた。いろいろな重圧から開放されたからだろうが、その最たるものがこの危機管理業務だと思う。

◉豪雨の緊張感

近年、異常気象が常であるかのような豪雨災害が全国的に続いている。その対策こそ、狭義と広義の両面から危機管理が求められる典型だった。

台風のたびに気象レーダー、雨量計、河川の水位計をにらみ続けた。防災服のまま県庁に泊まったことも何度もある。危機管理に長けた職員に救われてきたが、時に危機的なこともあった。

２０１４年8月3日昼、土木部長が「鏡ダムが大変です」と知事室に飛び込んできた。当時、線状降水帯が高知市上空にかかり続け、記録的な大雨が降っていた。

マニュアルによれば、雨の流入量までダムの放水量を増やす「異常降水時防災操作」を直ちに行う必要があるが、下流で破堤する恐れもあり覚悟を、との話だった。

しかもその時は満潮の最中。30分でも遅らせれば水はけもよくなり、より安全だろう、とマニュアル外の対応を取った。破堤は免れたが、並の緊張感ではなかった。

2018年夏には、県東部、県西部ともに甚大な被害が発生。長岡郡大豊町で高速道路の片側が吹っ飛ぶという驚くべき事態も起きた。

後に、これらの被災現場を訪れ、お見舞いをして回りながら、豪雨災害では、山腹の崩壊や河床の上昇といった形でダメージが蓄積していくことを痛感した。広義の危機管理の観点からは、次の災害に備えてこれらを迅速に除去する必要がある。

このため、豪雨災害対策本部を通年設置し、「冬こそ夏の備えを」というキャッチフレーズの下、年間通じて河床掘削などの対策を採ることにした。国の関連制度創設も提言し、一定実現もした。

この間、職員とは一連托生。その献身的な働きぶりに心から感謝したい。

だが、対策はいまだに道半ば。地震対策と並んで、豪雨災害に備えて強化すべきことは数多く残っている。

豪雨災害の爪痕を視察

地震対策の考え方――想定外をも想定する

言うまでもないことだが、南海トラフ地震に備えることは、高知県政にとって、そして、日本国全体にとって極めて重要な課題だ。

私も、在任中、職員と共に四苦八苦しながらその対策に文字通り心血を注いだ。特に東日本大震災の後、事前の予測を遥かに超える「34メートル」との津波想定を受けて、対策を急加速させる必要に迫られたのは言うまでもない。

◉不可逆的な

最悪の場合、南海トラフ地震による全国の想定死者数は約32万人。東日本大震災の約16倍という想像するのも恐ろしい惨禍だ。

経済的なダメージも甚大だ。最悪の場合、経済被害額は、国家予算の２倍を上回る約２２０兆円にものぼると想定されている。

併せて、想定される被災地域において、日本の製造品出荷額の６割超が担われているという事実は重い。国の半数以上がダメージを受ければ、国民生活に及ぼす影響は甚大である。

さらに言えば、この世界的な大競争時代に、輸出停止によって失うであろう世界シェアを取り戻すのは容易でないだろう。サプライチェーンが全国に分散していることも考慮に入れれば、日本の大多数の製造業がこうした苦境に陥る恐れがあるのだ。

歴史上、南海トラフ沿いの地震はたびたび起きてきた。しかし、心しなければならないのは、次は日本がこのグローバル時代に初めて経験する南海トラフ地震となるということだ。備えを怠れば、不可逆的なダメージを負って、もう、日本は、世界の中で今のような一流の先進国ではいられなくなってしまうかもしれない。

◉勇気をもって

先述のとおり、この未曾有の大災害に向けて県庁内で大原則としたのは、「たとえ今答えが見出せなくとも、最悪に備えよ」という姿勢だ。そして、この姿勢に沿って基本とした考え方は大きく言って3つある。ここでは、この3つの考え方を少し詳しく述べさせてもらいたい。

その第一は、勇気をもって「想定外をも想定する」という考え方だ。

次の地震が発生した時に、発災直後から復旧、復興期まで、それぞれの地域でどういう事象が起こり得るか、あらかじめできる限り想定しようとすることが大事だ。そして、その上で、一度行った想定をも疑い、他の可能性はないか常に考え続ける姿勢、すなわち「想定外をも想定する」ことが大事だと考えてきた。

想定を立てるにあたっては、当然、過去の被災事例からも多くを学べる。しかし、次に起こる地震は過去の地震よりもはるかに大きく、かつ、やっかいな何かを引き起こすかもしれない。

また、一番最近に起きた災害に囚われすぎてもいけない。東日本大震災の経験からは、津波の驚異こそが最大のものに思える。しかし次の地震は、津波に加えて、阪神淡路大震災や関東大震災のように、揺れや火災による甚大なる脅威をもたらす、巨大な複合災害となるかもしれない。

そもそも、言うまでもないが、地震によってどういうことが起こるかについて、人間の理解はまだまだ不十分だ。だからこそ、勇気を持って、我々の想像を超えたことが起こり得ることを前提として、既存の想定を疑い、想定外の事象を探し続ける、そうした姿勢が重要だろう。そして、そういう姿勢だからこそ、あらゆる分野の新たな科学的知見を迅速に取り入れ、年々に起こる災害から「今の備えに照らして不都合」な教訓をも、謙虚に、率直に学び続けることができる。

ある時、この「想定外をも想定する」という表現は矛盾ではないか、との指摘があった。言葉の意味だけを捉えればその通り。だが、神ならぬ身、全てを想像し切ることなどできないからこそ、常に、謙虚さと勇気を持って、想定外のことを探し続けることが重要だと考えてきた。

言うまでもないが、「想定外を想定する」作業は終わりなく続く。終わりなく続くからこそ、その過程で安全性は一つひとつ高まっていくはずなのだ。

地震対策の考え方——全体像の把握を

基本的な考え方の第二は、できる限り、災害対策の「全体像を把握」することが大事だということだ。

◉長い道のり

地震対策としてカバーすべき範囲は広大だ。

住宅の耐震化や火災対策が重要なことは言うまでもない。津波については、避難場所を作ることがまずは第一歩だ。それがないと何も始まらないから最優先したが、その上で、避難経路の安全確保のための取り組みを不断に積み上げていくことが大事だ。

家屋やブロック塀の倒壊、倒木、火災、崖崩れ、液状化等々、避難を妨げるさまざまな事象への対策が必要となる。地元住民の皆さまと県、市町村職員によって避難経路の点検作業を繰り返してきた。さらに避難訓練などを通じた実践的な検証も行いそれぞれ対策も講じてきたが、まだ道半ばだ。最近は液状化対策の不足なども厳しく指摘されている。更に、複数の代替ルートを確保したり、避難タワーの追加が必要な場合もあろう。

たとえ避難場所や避難タワーに避難して津波から一旦助かっても、そこから先が長い。

何度も襲来する津波から身を守るのみならず、津波火災や地震火災からも難を逃れねばならない。さらに、避難場所やタワーから下に降りようとしても、階段が破損するなど様々な困難を伴うかもしれない。避難場所・タワーについて不断の検証、機能強化が求められるだろう。

その後も、瓦礫《がれき》を避けながら、公民館などの避難所までたどり着かなければならないし、その避難所では、今度は、食糧も水も不足する中で、如何に生き残るかという試練が待っている。

負傷していれば、その治療をどうやって行うかも難題だ。いつもの病院は津波で跡形もなくなっているかもしれない。さらには、避難所での精神的なケアや感染症対策も重要な課題であろう。

さらに、こうした応急期を乗り越えて命を長らえても、その後には、水道、電気などのインフラ復旧、仮設住宅での暮らしの立ち上げ、さらには、経済活動の暫定的な再開、と復旧期の諸々の困難が待ち受けている。その上で、本格的な復興期に入っていくことになるのだ。

さらに、それぞれのステージにおいて、寝たきりの高齢者や重度の障害者の命や暮らしを守るための対策は、難易度が格段に上がる。また、産業ごとに復旧、復興のために必要なことはさまざまだろう。

このように、対策の時間軸は極めて長く、対象も多様であり、それぞれに質の異なる困難が待ち受けている。特に、想定するステージが後になればなるほど不確実性を増すため、想定しきれないことも増える。

◉見落とさず、手戻りなく

しかし、それでもできる限り知恵を絞って、全体像を把握しようとすることが大切だ。

あらかじめ全体像を想定すれば、何が一番大切かが現実感を持って見えてくる。

なんと言っても大事なのは発災直後におけるダメージを小さくすることだ。死者を少なくすることが大事なのは言うまでもないが、加えて、負傷者を少なくすることが、津波避難の困難さ、膨大な避難者を抱える避難所運営の厳しさなど、後々のステージにおけるあらゆる困難を軽減する。故に、住宅の耐震化はあらゆる防災対策の入り口「一丁目一番地」として別格に重要だ。手厚い補助制度を設けて、耐震化を急ごうとするのはこうした考えによる。

さらに言えば、全体像を把握しておかないと、重大な手戻りを生じてしまう危険性もある。何より、重大な何かを見落としてしまうかもしれない。

例えば、応急期に、水や食糧などの支援物資や医療資源をスムーズに搬送できるかどうかは、道路が使えるかどうかに大きな影響を受ける。被災しても1、2日で啓開するなら陸路に頼れるが、それ以上かかるなら、当面は海路から空路を通じた輸送を主軸としなければならない。そうであれば、海上自衛隊との連携やヘリの離着陸場の整備などが不可欠となる。命に直結する応急期の対策の大前提として、地域地域の道路の被災状況を予め想定しておくことが極めて重要だ。

また、重要インフラの復旧のために必要な資機材の中には、海岸沿いに置かれているものもあると聞く。空きスペースがあるからだそうだが、津波被災後の重要インフラの復旧手順をあらかじめ考えようとするからこそ、その保管場所は安全かどうか、という議論が始まる。

被災後に利用可能な土地は、津波の被害を受ける海沿いの地域では限られる。だからこそ、応急期に必要な諸々の機能を、それぞれどこに配置するかあらかじめ考えておくことが重要だ。

例えば、人命救助や支援物資の搬送をスムーズに行うためには、応急救助機関の集積地をあらかじめ決めておくことが不可欠だ。また、限られた土地に瓦礫置き場を設けてしまうと、仮設住宅や復興住宅の建設地がなくなる、といったことになりかねない。

そして、こうした検討のそもそもの前提として、応急期に必要な対策を、応急救助機関の展開、食料、水の配布から遺体の仮埋葬まで、ありとあらゆる形で想定しておく必要がある。

在任中には、この応急期機能配置計画の策定を、全ての沿岸市町村でスタートさせた。まだ完成途上だが、極めて重要な取り組みだ。

因みに、この計画作りに当たっては、当然に復興期の絵姿も視野に入ることとなる。例えば、仮設マーケットや仮設住宅の建設地は、できれば、復興後の新しい街づくりに繋がるように決めるのがいいだろう。応急期の機能を考えることとは、復興後の新たなまちづくりの第一歩にもなるのだ。

このように、描く復興期の姿が応急期の対応に影響を与える。復旧期、応急期の対策を考えるから、被災直後の検討が深まる。全体像を把握しようとするからこそ、発災直後から応急期、復旧復興期と手戻りなく、矛盾のない対策を講じることができるのだろう。

人知を超えたことも起こるだろうし、全てを想定し切ることは無理かもしれない。しかし、だからこそ、全体像を把握しようとする姿勢を徹底することが重要だと考えてきたのだ。

地震対策の考え方——定量的に考える

考え方の第三は、やや技術的な話だが、定性的にとどまらず、「定量的に考える」ということだ。それぞれの対策の「量」が、時々のニーズに照らして十分か、が大事だということである。

それぞれの地域で、怪我人は何千人となる可能性があるのか、いや、何万人か。それを把握して必要な人員と資材をあらかじめ準備しておかなければならない。避難者は何万人か、故に必要な水と食料はいかほどか、うち備蓄で何割賄い、外部からの支援で何割賄うか、その支援のための輸送手段はトラックだと何台、ヘリだと何機云々…。対策の実効性を上げるために、あらかじめ把握すべき事柄は多い。

そして、「量」的に把握すると、考え方を全く変えなければならないことも出てくる。

例えば、我々は、災害が起こると水は自衛隊が配ってくれるものと思いがちだ。過去の実績からしても、小規模災害なら疑いようもないことだ。しかし、超巨大震災の後に、被災した道路を通じて、何十万人を超える避難者に全て十分な水を配ることができるのだろうか。

また、負傷者が万人単位で生じる時に、その負傷者を地域地域でトリアージして、そこからヘリで病院まで運ぶということが本当に可能だろうか。

量的に把握しようとするからこそ、需要と供給を地域地域で合わせることが如何に難問であるかが分かってくる。そして、後述するとおり、だからこそ大胆な発想の転換が必要となってくるのである。

確かにそれぞれの対策を講じることにはなっているが、その需要と供給が量的に見合うか否かの検証はしていない、というのでは全く不十分だ。水や食料や医療の「予期せぬ」不足を招き、多くの方々が亡くなる、ということになりかねない。

定量的な把握には、なお一層の難しさを伴う。しかし、対策を実効性あるものとするためには、この「定量」という点が必要不可欠だ。

◉そして優先順位を

「想定外をも想定し、全体像の把握に努める。その際、定量的に検討する。」これが、県政において「最悪に備えた」震災対策を行っていく上での３つの基本的な考え方である。東日本大震災以来、職員と共に実践を重ねる中で到達した考え方だ。

これに基づき整理した全体像が、先述の３つのカテゴリー、すなわち、①発災直後の命を守る対策、②応急期の命をつなぐ対策の事前準備、③生活を立ち上げる対策（復旧・復興対策）の事前準備だ。さらに、①の発災直後の対策は、津波対策、火災対策、揺れ対策、臨時情報対策の４つのカテゴリーに、②の応急期の対策は、応急活動対策、被災者・避難所対策、医療救護対策の３つに、そして、③は、応急仮設住宅建設などの復旧期の対策、経済活動再開までを視野に入れた復興期の対策の２つに分かれる。

このように、想定外をも視野に、定量的に全体像を把握すれば、如何にやるべきことが広範多岐にわたるか、それぞれが如何に難しいかが明らかになってくる。そもそも、そんなにたくさんできるのか、また、そんな難問を解決できるのか、という気持ちにもなる。

だが、当たり前だが、我々人間ができないからと言って、そうした災害が起こらない訳ではない。自然が人間を待ってくれる訳がないのだ。勇気を持って冷静に、この3つの考え方を徹底することが大事だと考えてきた。

◉まずは命から

これらの対策は、広範多岐にわたるが故に、当然のことながら優先順位をつけて実行する必要がある。在任中、最も優先したのは、これまた当然のことながら、①の発災直後の命を守る対策である。中でも、想定と対策との間に大きなギャップがあった津波対策にまずは全力をあげた。東日本大震災以降、特に34メートルの想定発表後は、県民の命とともに日々の心を守るとの思いも込めて、津波避難施設の建設に大車輪で取り組んだ。さらに、まだ途上ではあるが、避難経路の点検作業も市町村や地域住民の皆さまと協働して実施してきた。

そして、徐々に検討の範囲を拡大し、津波対策のみならず、揺れや火災の対策も加え、さらには、発災直後以降の対策をも検討するようになっていったのだ。まずはできることから走り始め、徐々に全体像を把握していったというのが実態に沿っているであろう。

私の退任時には、応急期の対策について、検討段階を経てその実行を本格化したところであった。この後は、まだ机上の検討にとどまっている復旧期の対策も実行段階にまで踏み込んでいくことになるだろう。

何をすべきか、そのとりあえずの道筋は見えてきた。だが、その道のりはまだまだ遠い。そして、時間はあまりないのだ。

在任中、これらの地震対策に取り組む中で、発災直後、応急期それぞれの段階ごとに、数々の難問に直面した。

優先順位と残された難問

◉発想の転換

発災直後のステージにおける最難問は、短時間で迫りくる津波から如何にして災害時要支援者を守るか、である。

津波避難タワーや避難路は、机上の計算によれば津波到達までに周辺の住民が全員助かるような密度で建設されている。しかし例えば、高齢者の方々が夜間の避難訓練などを繰り返した結果、距離が遠すぎると分かれば、タワーをさらに追加するといった対応をとることにしている。

また、先述のとおり、避難経路について、官民協働で課題の洗い出しを行っている。避難場所やタワーそのものの検証も更に求められるだろう。その中で、何らかの重大な障害が判明した場合には、対策を追加する必要が出てくる。こうした「訓練、課題の発見、対処」というサイクルを、これからも何度も何度も繰り返して安全度を高めていかなくてはならない。

その中でも、寝たきりの方など、災害時要支援者の方々をどうやって助けるのか、という課題は、格段にきめ細かさが求められるものだ。それぞれの方を、誰が、どこから、どうやって救助して、どのように避難場所やタワーに連れて行くか、あらかじめ個別に準備しておく必要がある。

沿岸部の市町村において、防災と福祉の担当者からなるチームを作り、この個別支援計画の策定を進めようとしているが、まだまだ緒についたばかりだ。場合によっては、公的支援によってあらかじめ安全な高台などに移っていただくことも検討する必要がでてくるだろう。発災直後の最難問である。

応急期のステージにも数々の難問が残されている。そのひとつは水の確保だ。発災後、避難所への避難者だけでも推計約29・7万人に及ぶ。1日に必要な飲料水は1人3リットルとして約90万リットル。大型トラック約65台分にも相当する。さらに医療用も合わせれば、その必要量はさらに増す。発災直後に、交通インフラが大きなダメージを受けている最中、本当にそれだけの輸送力を速やかに確保できるのだろうか。しかも、地域ごとに過不足なく。

水は1日たりとも欠かせない。故に、これは命に直結する大問題である。まずは備蓄が大切だ。自宅や避難所でしっかり備えていかなくてはならない。

だがそれでも外部からの支援は不可欠だろう。道路の啓開をいかに早く行うか、そして、空路、海路などその他の運搬経路をいかに確保するか、そのための防災拠点の整備をどうするかなど、準備しておくべきことは多い。

併せて、それぞれの避難所に井戸を掘っておくことも極めて有効であろう。配布するのでなく、自活してもらうのだ。ある機関による配布という集中制御型の対応ではなく、できるだけ自律分散型の対応を図ろうということだ。集中制御型では、数多の想定外の事象に対応できない恐れがあるからだ。

定量的に把握すれば、水の配布がいかに困難か分かるからこそ、こうした発想の転換が生まれる。

私が知る限り、こうした発想の転換が必要な問題があと二つある。一つは、難問中の難問、災害時の医療救護の問題だ。もう一つの難問、高台移転と並んで、難問であるが故に、国を挙げた対応が必要な課題だ。

◉政府を動かそうと

話は遡るが、２０１２年３月に「34メートル」との津波想定が政府から発表された際、正直なところ、当時の政府の対応には非常に困惑した。さしたる対応策も準備せずに、いきなりこうした厳しい想定だけを発表しても、国民は不安のどん底に突き落とされるだけだ。

その対策に、より本格的に、スピード感をもって取り組むこととなるよう、国を突き動かす必要があった。このため本県の呼びかけで発足した「南海トラフ地震に備える９県知事会議」のメンバーで連れだって、何度も何度も政府に政策提言に出かけた。

こうしたことも背景にあったのだろう。先述のとおり、この想定が発表されてからしばらくして、政府の防災関係の委員会の委員に選ばれた。平成24年４月には中央防災会議の南海トラフ巨大地震対策検討WGの委員に、続いて平成25年２月には防災大臣の私的諮問機関であるナショナル・レジリエンス（防災・減災）懇談会の委員に就任した。これによって、政府の防災政策の策定に関わる機会を得たのだが、これは本県の防災対策を進める上でも非常に有効であった。

これらの会議において、私が委員として最も強調したのは、県庁におけると同様に、最悪に備えることの重要性だ。34メートルもの津波が発生する可能性がある以上、例えその確率は高くなくとも、そうした最悪レベルの災害への備えは是非とも必要だ。

正直なところ、私も財務省主計局にいたので、政府の、特に財政当局の感覚は分かる。最悪に備えれば、やることは際限ない。このため、膨大な財政負担を生じるのは避けたいとの思惑から、できる限り、対策を「今できること」に限定しようとしがちだ。だが、人間が対策を限定しても、自然災害は手を緩めてはくれない。

だからこそ余計に口酸っぱく、単独の南海地震ではなく、三連動型の南海トラフ地震による最悪の事態に備える対策を、と私は主張し続けた。WGでは間違いなく私が最強硬派であったろう。

その後、議員立法で最悪を想定した南海トラフ地震対策特別措置法が成立し、さらに、このWGの議論も踏まえて、最悪の三連動型を想定した南海トラフ地震対策大綱も策定されることとなった。総論としては、最悪に備えるスタンスができあがったのだ。

これは大きな進歩だ。自分の主計局時代の経験からしても長足の進歩といっていい。だが、その上でなお、大きな難問が残っている。先述の災害時医療救護と事前の高台移転の問題である。

残された最難問―国策は変われるか

私が委員として次にターゲットとしたのは、この災害時の医療救護の問題であった。県庁内で定量的な検討を重ねる中で、従来の対応ではダメだと明確に分かった大難問だったからだ。

◉何度も何度も

課題は大きく二つ。第一は、負傷者の数が多すぎて医療機関まで運べないかもしれないという問題。第二は、医療需要が瞬時に激増する一方、医療の供給は被災により大きなダメージを受け、医療が絶対的に不足する、という問題だ。

よく防災訓練では、負傷者をトリアージして、ヘリで都市部の病院まで搬送するという訓練を行う。負傷者役の方が10人くらい、双発の大型ヘリで搬送されたりするのだ。

だが、これが可能なのは小規模災害の場合だ。南海トラフ地震では、最悪の場合、本県だけでも負傷者は3・6万人近くに達すると想定されている。東日本大震災時のデータを基にした県の推計では、その内、重傷者は4700人、中等症者は約1万人にのぼる。それだけの人数を、対応可能な機数のヘリで運び切るためにかかる日数はいかほどだろうか。少なくとも命に関わるとされる3日間では無理だろう。

また、病院も被災するため、県の推計によれば、本県の災害拠点病院の処置可能数は命に関わる3日間で3840人にとどまる。すると、DMATが対応すべき人数は1万人以上となるが、県外から本県に派遣されるチーム数は現状では46チームにとどまり、その処置可能数は同2000人程度。約8000人が処置されずに放置されるということだ。

こうした状況は全国でも同じだ。同様の計算では、処置を受けることができない負傷者の数は10万人にも及ぶこととなる。南海トラフ地震のような超巨大災害では、処置されずに残る多くの負傷者が時が経つにつれ次々と亡くなるという、重大な事態に陥る可能性があるということだ。

これは極めて深刻な問題だ。まずは、第一の「運べない問題」に対処するため、患者ではなく、むしろ一人ひとりが多数の患者に対応できる医療関係者を被災地に派遣し、できるだけ現地で対応するという「前方展開型の医療救護」を基本的な対応方針とすることにした。

一見常識外のやり方なので、職員等にも戸惑いはあったようだが、やはり定量的に検討すればこうするしかない。専門家による検討会などを通じて多くの知恵を集めて、被災地近くの医療関係者には総力戦で参加していただいた上で、医療資源の集中する高知市内から現地に医療関係者を搬送し、現地で一種の野戦病院を設ける、という構想を建てた。この野戦病院を一定の密度で設置できるよう、資機材の準備も含め、目下検討を続けているところだ。

だが、それでも、先述のとおり、本県に派遣されるDMATの数が決定的に「足りない」という第二の問題が残る。その増員は、国を挙げて行うべき問題だ。恐らく、通常のDMATに加えて、大規模災害時に特に派遣する予備役的なチームを多数養成するという方向になると思われるのだが。

現状では災害時の医療救護についてこのような重大な問題がある、ということを、私は政府の会議で何度も発言した。何度も何度もだ。だが、知事在任中には、ＤＭＡＴ増員に向けた議論が緒についた、というに止まった。答えがない問題に取り組むことを嫌う霞ヶ関の悪い癖が出た、とは思いたくない。今後私のライフワークにするつもりである。

◉強い国土を

もう一つの大難問が、事前の高台移転である。現在、被災した後の高台移転についてはさまざまな支援制度がある。できれば、被災する前に同じことをやった方が、死者も大幅に軽減できていいはずだ。

この事前の高台移転については、公共施設向けの補助制度が徐々に拡充されてきた。しかし、住宅等については、現段階では実効ある補助制度はない。政府も対象地域が際限なく広がり財政負担が拡大することを恐れているのだろう。

南海トラフ地震対策特別措置法の議論がなされている時から、私は、この問題を提起し続けた。あるオープンな会議で、財務省、国土交通省の担当者と怒鳴り合いになったこともある。しかし、やはり莫大な財源が必要という壁に阻まれ、残念ながら現段階でこの対策は道半ばである。

できれば次の地震までに、危険な建物を高台に移しておくことが理想だ。

本県でまず優先したのは、幼稚園、保育園の高台移転である。土佐清水市では、保護者に取り囲まれて、泣かんばかりに移転の必要性を訴えられた。その通りだと思い、県独自の制度を作り、現在までに20施設の移転が終わった。

高齢者施設も同様に移転の必要が高い。現在は、まだ5施設の移転にとどまっているが、今後着実に進めていく必要があろう。

さらに、黒潮町、土佐清水市、中土佐町、宿毛市などでは、公共施設が引き連れる形で、徐々に街の重心が高台に移っていっている。

現実には、次の地震までに全てを高台移転することは無理だろう。今の低地に仕事と暮らしがある中、急にそれを移転することは無理だ。だからこそ、現実的な対策として、避難路や津波避難タワー整備によって、まずは命を守ろうとしてきた。

しかし、こうした緊急避難措置を講じた上で、徐々にではあっても、できる限り多くを安全な場所に移転することが大事だ。

財政的に見てもそうした方が安くつくはずだ。確かに整備を始めての数年は財源も嵩むだろうが、被災後も通してみれば、人的・物的被害が少ない分安くすむはずなのだ。そして何より多くの命を守ることができる。

中長期的に見れば、次の次の地震に向けて、その移転を完全に終えておくことを目指したい。もう津波を心配しなくていい国土作りである。次の地震の後の復興期にどういうまちづくりをするか考える際には、当然、この点も踏まえて検討することになろう。

高台移転をいかに進め、少なくとも津波をあまり恐れなくていい国土をいかに作るか。この難問に答えを出す、パワフルな政策群が是非とも必要だ。

このことも私のライフワークとして取り組みたい問題である。

インフラ整備の重要性

県政が掲げた５つの基本政策のうち、インフラ整備は、産業振興、医療福祉、教育、防災など他の全てを支える重要政策である。

筆頭格は、高速道路の整備だ。私の在任中、８の字ネットワークの整備率は33％から55％まで向上し、本県も東西の交通はある程度スムーズになった。事業化決定まで遡れば、中内県政の時代に行き着く。本当に歴代の多くの方々のご努力によってその整備はなされてきた。

中山間では１・５車線的道路も整備されてきたが、日々の暮らしを守るために極めて重要だ。さらに、観光振興という観点からも有効である。残念ながら大型バスが通れないが故に、その潜在力を生かし切れていない観光地はいくつもある。

だが、インフラ整備は、なんと言っても災害対策という観点から重要度が高い。このインフラ整備を進めるために、何度も国にも足を運んで政策提言を繰り返したのだが、そうした中で二度ほど大きな出来事があった。

◉突然のチャンス

2期目も後半年ほどとなったある日、山梨県の横内正明知事（故人）からお電話をいただいた。全国高速道路建設協議会の後任の会長に私を、ということであった。若造ですから、と言って一旦はお断りしたのだが、高速道路の重要性を最も感じている県でしょうから、と言って強く推薦していただいた。同協議会の会員は全国の知事や議会議長と多くの市町村長たちだ。要するに、全国の声が高速道路の整備を求めているということである。

本県の地震対策を考える上で、信頼できる8の字ネットワークの整備は焦眉の急である。会長就任も一つのチャンスと捉え、お話をお受けすることとし、2015年6月の総会で就任した。

もちろん会長となったからには、高知のことだけを訴える訳にはいかない。会長として、何度も関係大臣を訪問して、全国的にいわゆる津波危険地帯ほどミッシングリンクになっており、その整備が急がれることを強く訴えた。併せて、全国の被災経験も踏まえ、強靭性確保のためにも4車線化が必要であること、さらには、そもそも財源が必要であること等を、強く訴えたのだ。

「命の道」という表現は、本県職員の発案による。誠にその通りである。今後もその整備を加速し続けなくてはならない。

◉主計局長室へ

在任中は古巣の主計局へ何度も政策提言に行ったが、個別の事業の本県での実現について、主計局長室で談判したことはそれほど多くない。主計局には政策の実現を訴え、それが通った後に、各省庁に本県への個別の箇所付けを訴える、というのが一般的なやり方だったからだ。しかし、浦戸湾の三重防護事業については、まさに主計局との直談判となった。

その整備の効果は、高知市の何万人の命に関わり、そして、高知県全体の応急、復旧のスピードにも関わる。しかも、個別事業とはいえ極めて大規模な事業であり、また、スクラップアンドビルド原則によって他の類似の事業が終了するまで何年も待たされるという危険性もあった。

ある時、数々の政策提言を終えて主計局長室を出ようとした時、何か困ったことがあったら言ってください、と局長から言われた。まだまだ担当者間で議論中のことでもあり、いきなり主計局長に頼むのもどうかと逡巡もしたが、事の重大性に鑑みて、この元上司である局長の、恐らく社交辞令的な優しい一言に乗らせてもらうことにした。「是非、この堤防の件をお願いします。高知の運命がかかっている、是非とも！」と頼み込んだのだ。

資料を再度見て「確かに大事ですね」と局長から一言。主計官にその場から一本電話してくれ、そこから議論が前向きに展開し始めるようになった。

後年、中小河川の洪水対策を抜本強化する必要がある、と主計局長に訴えたこともある。安芸川の被災などに鑑み、ボトルネックとなったポイントを集中的に整備する新しい制度の必要性などを訴えた。この時は、もうやるつもりですから、とあっさりと事は進んだ。２０１８年の西日本豪雨災害の被災を踏まえ、どうやら既に官邸から強力な指示が降りている模様だった。

◉進展と難問と

最悪に備えよ。在任期間12年を通じて、この考え方が政府部内で相当浸透してきていることを実感している。解決策が見出せないから、財政負担が大きいから、などなど、災害対策を実行できない理由は数々存在する。しかし、繰り返すが、これらはあくまで人間側の都合に過ぎないのであって、だからといって災害が手を緩めてくれる訳ではない。

解決策も見出せず、財源も足りないからこそ、知恵を練り汗をかいて前に進まなければならない。そして、その原動力は、命を守ろうとする情熱と、最悪に備えようとする冷静な判断力だろう。

国土強靭化運動が２０１１年10月からスタートした。そして、最悪に備えることを旨とする南海トラフ地震対策特別措置法など一連の法律もできた。

中小河川対策に主計局がより前向きに取り組むこととなったように、政府内で最悪に備えた災害対策は着実にステータスを上げてきている。これは、近年の大きな成果だ。

だが、災害時の医療救護や、事前の高台移転などまだまだ難問は残る。住宅の耐震化や堤防の耐震化など地道な対策の積み上げも、まだまだ多くは道半ばだ。地球温暖化に伴い豪雨災害のパワーが増していることにどう対処するか、という大問題も新たに出てきている。

災害から命を守る。そして、そもそも災害に強い国土を作る。１００年がかりで行うべき国家的な課題である。

そして一番大事なことを

知事として、政策を考える際には、常に時間軸を３つくらい持って考えを巡らせてきた。今効く対策、数年後に効く対策、十数年後に効く対策だ。

この３つ目の時間軸も極めて大切だ。忘れられがちだからこそ意識して取り組む必要があるし、また、蓄積がものを言う対策だけにサボってしまえば取り返しがつかない。他方、時間をかけて取り組むだけに本格的な効果を生む、ということもある。

◉すぐに逃げる！

防災対策においても、この点は同じだ。この３つ目の時間軸の典型は、子どもたちの防災教育である。防災対策の中でも、これこそが中長期的に一番大事で、最も効果のある対策であろう。

地震対策を講じる際には、さまざまな被害想定を行う。その際は、津波避難施設の整備率、耐震化率などさまざまな前提を置くのだが、その中でも大きな影響を及ぼすのが、津波からの早期避難率だ。

これは、津波避難に関して、荷物をまとめてからでも、警報が出てからでもなく、揺れがおさまったらすぐ逃げる、という正しい行動をとる人の割合についての想定だ。

本県では、南海トラフ地震について当初、最悪の場合約4万2000人の死者が出ると想定されていた。その前提となる早期避難率は20％だった。東日本大震災の際に実際にそうだったと推定されているからだ。現在はその値は70％に設定されている。毎年の県民アンケートで把握した値がそうだったからだ。

20％から70％へと早期避難率が上昇したことによる効果は誠に大きい。津波避難施設の整備率が26％から94％に上昇したことと相まって、想定死者数は約4・2万人から約1・1万人にまで減少した。

しかし、誠に残念ながら、ここ数年の県民アンケート調査では、早期避難に関して正しい答えをした人の割合は70％程度で止まったままだ。未だに想定死者数が約1・1万人にも至ることに鑑みても、早急にこの早期避難率を上げなくてはならないのだが、残念ながらここ数年はやや低下傾向ですらある。

県民の皆さまの防災意識を高めようと、さまざまな啓発事業を行ってきた。啓発冊子『南海トラフ地震に備えチョキ』を全戸配布しているのもその一環だ。テレビやラジオなどのあらゆる機会も利用してきた。早期避難率を一層高めていくために、積み重ねなければならない努力は今後も誠に大きいだろう。

◉国境を越えて

深い深い理解があってこそ、いざという時に役に立つというのは防災についても同じだろう。深い理解があればこそ、究極の混乱の中でもこの早期避難も可能となる。故に、防災教育は極めて大事だ。

2014年度から、市町村教育委員会とも協力して、県内の防災教育を徹底した。小中学校では座学を年間最低でも5、6時間、併せて避難訓練を3回以上という形でだ。地震のメカニズムや「率先避難者たれ」など内容は多彩である。低学年から高学年に至るにつれて内容はだんだんと高度化し、自分のみならず周りの人を助けるための方策をも学ぶようになる。

こうした教育の一環として最も感動的だったのは「世界津波の日」高校生サミットの取り組みだ。青少年の啓発が大事であると、提唱者の自民党二階俊博国土強靭化推進本部長が発案された取り組みだ。世界から高校生を招き、津波防災について語り合おうという構想である。

ある時、このサミットを34メートルの津波に立ち向かう黒潮町でやってはどうかとの打診があった。世界各国から高校生を受け入れるなど県として対応可能だろうかとも思ったが、やはりその意義は大きいと覚悟を決めた。

苦労もあったが２０１６年に開催された同サミットの結果は大成功。職員も献身的に努力をしてくれた。中でも感動的だったのは、世界30か国から集まった高校生たちの交流パーティだ。言葉も国籍の違いも軽く乗り越えて高校生たちはたったの二日間ですっかり仲良くなっていた。パーティの後、関係者としみじみ大変だったがやって良かったと、杯を交えつつ語り合ったものだ。

この素晴らしい取り組みを一回限りのものとしてはあまりにもったいない。こうした考えの下、その後も、毎年度、高知県版の高校生津波サミットを開催して、代表者を全国版のサミットにも派遣するなどしてきた。

私も高知県版サミットを毎年視察したが、調べて、発表して、討論する、この一連の取り組みを通じて高校生たちが防災意識を高め、さらには、防災にとどまらない実践的な学びを得ていることを実感した。学校の先生方も、苦労はあるが有意義な取り組みだ、と述べておられた。

小学校から高校生まで、それぞれの段階で防災教育が展開されてきた。教育を受けた子どものみならず、子から親、祖父母世代へと啓発効果が浸透することも期待される。これらを積み重ねて、子どものころから防災教育を受けた世代が増えれば増えるほど、県全体としても安全度は高まっていくだろう。

愛おしい子や孫たちを何としても災害の惨禍から守り抜いていきたい。そのためにも、自らをそして周りの人々をも守る力を育む防災教育こそ、一番大切な取り組みである。

「世界津波の日」高校生サミット　世界の高校生たちと感動の集合写真

第5章

福祉と教育
——今と未来を見据えて

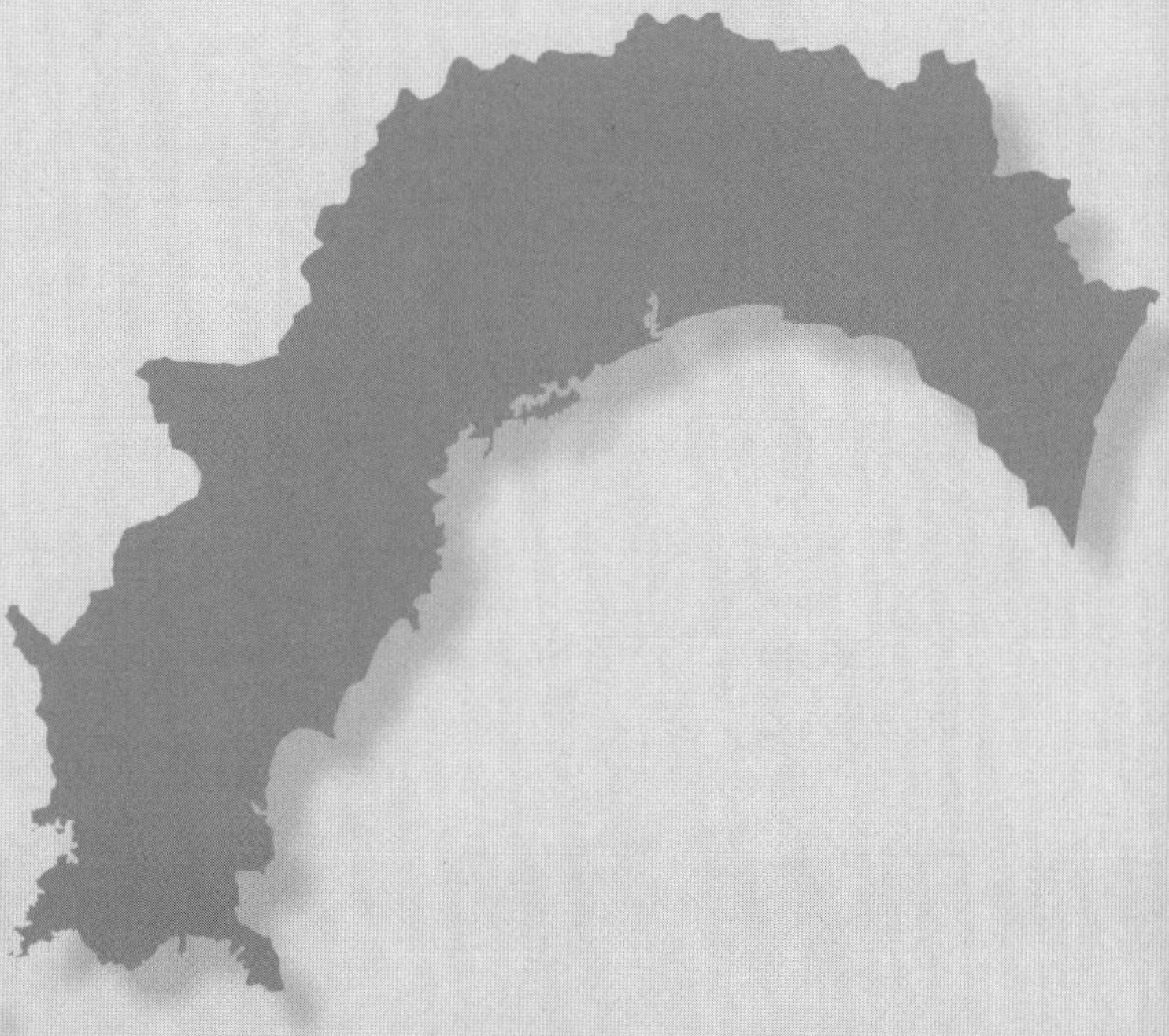

長寿県構想――子育ての苦労痛感

産業振興計画の立案に注力した翌年度の２００９年度には、「日本一の健康長寿県構想」の策定に着手した。

この分野では、法律で義務付けられた計画も多い。既存の各施策を関連付け、その上で県独自の施策を加えていった。産振計画同様、四半期ごとに私を本部長とする本部会議を開催。ＰＤＣＡサイクルを徹底して毎年度改定を重ねた。

◉5つの柱

構想では、本県の課題となる5分野に沿って柱を定めた。

①全国に比して高い壮年期の死亡率の改善、②地域地域で住み続けられる県づくり、すなわち、高知版地域包括ケアシステムの構築、③厳しい環境にある子どもたちの支援、④少子化対策、⑤関連分野の人材確保――である。

飲酒量が多いことも背景にあるのだろう。残念ながら、本県は健康長寿県とは言えない。全国平均よりかなり低い特定健診、がん検診の受診率の向上や健康づくり運動の普及に努めた。

本県は、人口密度が最も低い県の一つで、様々なサービスもコスト高になりがちだ。このため、訪問介護、訪問看護などに独自の支援措置を講じた。

また、改善が見られるが、道路事情もよくはない。ドクターヘリの運航を重視したのもこのためだ。総合診療専門医の養成に力を入れて、中山間の医療の改善を図るとともに、高齢者、障害者、子どもたちの見守りなどを1か所でこなす「あったかふれあいセンター」を、県独自の制度として全域に広めた。法律により全国一律、となりがちな分野ではあるが、本県の中山間の実情にあった独自の工夫を重ねたのである。

◉衝撃の受診率

中山間対策と並んで、子育て関連の施策でも独自の対応を迫られた。

ある日の本部会議で、私は脳をガツンとやられるような衝撃を覚えた。

本県の1歳半、3歳児健診の受診率が、長年全国最下位だと聞かされたのだ。全国平均から10％近く低く、それぞれ85％、80％ほどでしかなかった。

子育ての節目となる大事な健診を受けない家庭がこれだけいる。経済面も含め、高知の子育て世代がいかに苦労しているか端的に物語るものだと思った。

なぜもっとはやく気付かなかったかと、心から悔いた。県民の暮らしについての理解の浅さを恥じもした。

もともと子どもを守る対策の強化には意を用いてきたつもりだった。就任直後に起きた児童の虐待死事件には、身が引き裂けそうなつらい思いをした。

その後、深く反省をし、児童相談所の体制や関係機関の間での連携を強化し、一時保護など必要な措置を適切に講じられる意思決定のプロセス作りなどにも取り組んだ。

ただ、この健診の数値は、暮らしにより根差した広範な対策の必要性を物語っていた。

このため、子どもが幼いころは保護者のケアを中心に対策を施し、長ずるに従い子ども自身への対策を強化することにした。

例えば、健診の受診勧奨強化とともに、健診で把握したリスクのある家庭を速やかに福祉部門でケアできるよう、母子保健と児童福祉の連携を徹底した。

放課後の学習支援など、貧困の世代間連鎖を教育で断ち切る取り組みとも連携を図った。食育、健康教育についても力を入れた。

職員、関係者のご努力により、現在この健診の受診率は全国平均を上回るまで改善している。

それを見届けられたことは知事として幸せであった。ただ、もっと早く気付いていれば、との後悔はいまだに残る。

こどもの日に兜とレイを贈られて

◉二つのテーマ

以上のように、中山間の多い高知ならではの取り組みと、厳しい環境にある子ども達への対策は、長寿県構想や教育改革を横断的にまたがる主要なテーマとなった。

後の項で詳述するが、道半ばの事柄も多く、また、国からの後押しが一層必要な事項も多い。暮らしと命に関わる誠に重い、継続的な努力を要する課題である。

長寿県構想——知事会で汗をかく

長寿県構想を通じて多くの県民の皆さまの善意に触れることができた。

地域のあったかふれあいセンターでは、社会福祉協議会の職員さんたちのやさしい笑顔に、助け合いの原点を見る思いがした。

子ども食堂は既に県内で77か所にも至っているそうだ。まさに、「高知家」ならではの温かさである。

ヘルスメイトの皆さんにも食育などを含め大変お世話になった。

また、民生委員、児童委員の皆さまにも、高齢者の見守り、児童虐待防止などに、ひとかたならぬご尽力を賜った。心から感謝申し上げたい。

民生委員、児童委員大会で毎年度、わざわざ枠をいただいて長寿県構想の講演を行ったことも良き思い出だ。

最初のころは、来賓祝辞で簡単に新年度のポイントの紹介を、と言われていたのだが、熱が入って説明が毎年長くなっていった。それなら、と1時間もの枠をくださったのだ。

多くの善意に支えられて地域の福祉は成り立つ。いかにして制度的にこれを支えるか。全国知事会でも大きなテーマとなった。

◉少子化対策

全国知事会では、社会保障分野の仕事が長かった。２０１１年４月からは、次世代育成支援対策特別委員長として、子育て、少子化対策担当となった。

就任当初、少子化対策について、政府の危機感は薄いと感じられた。少子化担当大臣に「典型的な『ゆでガエル』事案だ」「『国家の危機』くらいの勢いでやってほしい」と強く迫ったものだ。

若手の知事で「次世代知事同盟」を立ち上げてＰＲイベントを行ったり、全国知事会でも当時の山田啓二会長の提唱で「少子化危機突破宣言」を出したりもした。その後、歴代大臣のご尽力により、少子化対策は急加速し、今や国の中心的な施策のひとつとなっている。長年訴えてきた幼児教育無償化も実現した。少子化対策は全国的にもまだ道半ばではあるが、知事会での活動にささやかな手応えを感じてもいる。

◉地域の実情こそ

苦労したのは、地域の実情に応じた政策展開を、社会保障分野で可能とする制度作りである。医療、福祉は地域の実情に沿って展開されるべきだ、と長寿県構想を通じて実感してきた。少子化対策もしかり。出会いの場が少ない中山間での対策と、子育ての経済的負担が大きい都市部では、対策の重点が異なる。

このため「自治体の裁量を認める支援制度の創設を」と知事会で運動を展開し、政府の少子化対策交付金の創設に繋がった。

２０１８年４月からは、全国知事会の社会保障常任委員長として、特に、医療・介護の問題に携わった。

高知の県民1人当たり医療費は日本一、二の高さだとよく批判されたが、医療と福祉に関わる本県の歴史的な経緯とともに、山深い中山間の医療・福祉サービスが薄い故に都市部での入院に繋がりやすい、という構造的な事情がある。

糖尿病重症化予防や重複投薬是正など、都会と同様に強化すべき施策もあるが、高知の場合、中山間の医療・福祉を後押しする施策こそが、医療費も引き下げ、県民の幸せにも繋がる。

各都道府県で、それぞれの実情に応じた工夫が行われているはずだ、という考えの下、2018年7月の全国知事会の「健康立国宣言」に基づき、社会保障常任委員会の下に21のワーキングチームを立ち上げ、各県の優良事例をお互いに学びあうプロジェクトを始めた。県庁職員も全国を相手に大変だったろうが、獅子奮迅の働きを見せてくれた。

この結果、他県の好事例に倣おうと、半年ほどの間に369もの取り組みが全国の都道府県で始まることになった。

そして、この結果を関係省庁にも示し、地方独自の工夫を後押しする制度創設を働きかけたのだ。

地域の実情に沿ってこそ、うまくいく政策分野は多い。地方分権の必要性はまずはここにある。

少子化PT長として松山少子化担当大臣に提言

長寿県構想
――地域の実情に沿ってこそ「高知型福祉」

日本一の健康長寿県構想の策定、実行の歩みは、この「地域の実情に沿って」ということそのものだった。ここではこの「高知ならでは」の取り組みについてより詳しく。

話は戻るが、日本一の健康長寿県構想のそもそものきっかけは、帰高したばかりのころに遡る。「日本一の健康長寿県を目指すべきだ！」。知事選挙への挑戦を決めてまもないころ、ある大先達の政治家の先生から強烈な指摘を受けた。当時は、知事選に向けて高知のことを猛勉強中のころ。矢継ぎ早に多くの方々にご挨拶まわりをしていたが、多くの方の話題の中心は経済の問題だった。このままでは高知はつぶれる、そうした意見を数多く伺ったのだ。

だが、自ら地域医療に携わってこられた先生は、保健医療福祉について様々に力説をされた。正直、当時の私の知識では理解できないお話もいくつかあったのだが、大意は「日本一を目指して、高知にあった、高知ならではの体制を、意図的にしっかりと構築すべきだ。」というものだった。

説得力あるアドバイスに従って、公約に「日本一の健康長寿県を目指す」と掲げて知事選挙に臨んだ。先生のお話は相当ハードルが高そうだったが、地域の実情に沿った「高知ならでは」がこの分野で重要なことは直感的に納得できることだったからだ。

◉同じやり方では

実は、知事に就任して間も無く、何気なく気付いたことがある。それは、経済関係部局と健康福祉部局との違いだ。経済部局ではこれから新たに計画を作る必要があり、実際に産業振興計画作りに邁進することとなったのだが、健康福祉部局は、当時から既に「計画を持って」いた。この違いはどこにあるか。一言で言えば、国の法律に沿った法定計画が定められていたからだ。

保健医療福祉の課題には、全国一律の課題が多い。医療サービスの質も価格も、国民は等しく同じものを享受すべきだし、住む地域によってその差があるべきではなかろう。故に、全国一律の枠組みの中で、本県の状況を表すデータなどを反映させて様々な計画作りを行うこととなっている。

これでも地域の実情を一定反映できるだろう。だが、この全国一律の枠組みでは拾いきれない違いが、高知と都会との間にはある。

繰り返しになるが、本県は県土の大多数を中山間が占めており、人口密度は低く、山は深く、集落間の移動距離も長い。森林率が84％と全国一位になるだけのことはあり、それぞれの程度は厳しい。そして、高齢化の程度も全国トップクラスだ。結果として、中山間の保険医療福祉サービスの供給コストは割高となりがちだ。訪問系のサービスは採算が合わない場合も多いし、各施設などもどうしても高知市周辺に集中しがちになる。

こうした本県の実情に照らして、法定された全国一律の枠組みに加えて、どのように独自の施策を展開していくか。この点が冒頭の教えに沿って名付けた「日本一の健康長寿県構想」の大きなポイントとなった。そして、同構想では、本県の実情に合わせて「高知」の名を冠した施策を大きく二つ展開することとなったのである。

◉県内各地で

第一は、「高知型福祉」の取り組みだ。

都市化に伴う核家族化の進展が言われて久しい。本県ではこれに中山間が多いとの要因が加わる。人々が孤立しがちな環境にあるからこそ、人と人とが繋がる場所や機会をあえて意図的に作り出そう。これが「高知型福祉」の基本的な考え方だ。

その典型が、先述の「あったかふれあいセンター」制度だ。同センターは、高齢者や子ども、障害者に対して、見守りや健康作りなどの諸サービスをワンストップで提供する拠点である。公民館などで、いわゆる制度外のサービスを制度の垣根を越えて一元的に提供するものだ。

１期目に田野町や土佐町にお伺いした際に、町独自の類似の取り組みを見学させていただき、これぞ中山間に必要だ、と県の独自事業として制度化を決めた。当初はスタッフの人件費をどう捻出するかといった課題もあったが、政策提言の結果、国の当時の雇用創出事業の対象に加えていただき、当面、国費で財源を確保することもできた。

当初、この制度をどれだけ利用していただけるか不安もあったのだが、四万十町大正において、福祉施設の運営に実績のある県議さんが本制度を真っ先に導入してくださったことを契機に、信用が高まった。

現在は、県内52か所。更にサテライト会場は２４２か所に及ぶ。後に「対話と実行行脚」で市町村を訪問する度に、各地のあったかふれあいセンターを訪問し、いきいき１００歳体操であったり、パズルであったりと、健康維持活動を地域の皆様が楽しく行っておられる場面を何度も見学させていただいた。地域の身近な健康インフラとして根付いていることに、しみじみと嬉しい思いがしたものだ。

子育て面でも、高知版ネウボラの取り組みを進めようとしたが、若い世帯が少ない地域も多いからこそ、あえて、こうした集まりの場を設けて、地域内の共助の仕組みを作るという点で共通した考え方を持つものであった。

障害者雇用の促進、農福連携の取り組みなどにあたっても、障害の特性に応じたきめ細かい助け合いの仕組み作りが重要であった。また、任期の最終盤の２０１９年10月になって「ひきこもりの人等に対する支援のあり方に関する検討委員会」を設置し、ひきこもりの人や家族に対する支援策を抜本強化する方向性を打ち出したが、こちらも身近な居場所作りなど、実効ある共助の仕組みをどう作るかがひとつのポイントである。

中山間の過疎地域が多く、孤立しがちな環境が多々見られるからこそ、あえて政策的、意図的に「人々の縁を作り出す」。

あらゆる福祉分野に通じる、高知型福祉の眼目となった考え方である。

長寿県構想
——地域の実情に沿ってこそ「高知版包括ケア」

高知ならではの取り組みの第二は「高知版地域包括ケアシステム」構築への挑戦だ。

先述のとおり、高知の一人当たり医療費は日本一、二の高さである。よく、東京の有識者にも厳しい指摘を受けた。やるべきことをやっていないのではないか、という厳しいものだ。

重複投薬の多さ、ジェネリック医薬品の普及率の低さなど、早急に対応すべきことも多い。また、そもそも本県は壮年期の死亡率が高く、健康増進対策の必要性は高い。改めて触れるが、それぞれ健康長寿県構想の主要テーマとして取り組んでいる課題である。

だが、高知特有の構造的な背景もある。本県は、田中内閣の福祉元年以前から高齢化が進んでいたため、各種の福祉サービスが制度化される前から、医療機関が地域の高齢者の受け皿として既に機能していた。結果として、本県の一人当たりの医療費は、高齢者の入院医療費が引っ張る形で当時から日本トップクラスであった。だが、今も引き続き医療費がトップクラスであるのに対し、一人当たりの介護費用は、高齢化率トップ３の本県でも全国44位に過ぎない。

ある時、本県の医療、介護療養病床に入院している患者の健康状態を、医療関係者が分析されたのだぞうだ。やや驚いたが、その結果は、約３割が福祉施設などでも対応可能というものだった。いわゆるＱＯＬ（Quality of Life）向上の観点からも、こうした方々の受け皿として、地域医療構想などに基づき、介護医療院などの福祉施設を充実させることが今後の一つの課題となる。

◉中山間こそ

もう一つの構造的な要因として、中山間で高齢者を支える体制が十分でないことの影響も大きい。このために、中山間から高知市内に早々に入院、ということも多々起こってきた。もし、住み慣れた地域で更に長く住み続けられれば、医療費を取り巻く事情も変わるだろうし、何より選択肢が広がり、個々人の幸せにも繋がる。

全国で「地域包括ケアシステム」を構築する取り組みが進められているが、ここでも、本県の中山間特有の事情等を克服するため、あえて、高知ならではの取り組みを進める必要があった。

ドクターヘリ制度を手厚くしたことなども典型だ。中山間の３次救急病院へのアクセスの悪さを乗り越えようと導入したものである。今や年間の出動件数は６００件前後と本県にはなくてはならない制度となっている。

先にも述べたように、総合診療医の研修制度を充実して、地域地域のかかりつけ医機能を強化しようとしたり、入退院時の引継ぎ体制の充実を支援し、更には、訪問看護、訪問介護に対する補助制度を設けてコストが割高にならざるを得ない点を補おうとしたりと、色々試みた。あったかふれあいセンターの取り組みも、健康維持と退院後の見守りの仕組みとして重要だった。

最終的に目指すところは、地域の保健医療福祉の事業者間の役割分担を明確にして、予防から入院、退院、介護の一連の流れを作り出すことだ。

医療の質や価格など全国一律に守るべきものは守りながらも、随所に高知ならではの取り組みを加え、それによって、「健康づくりからかかりつけ医療、急性期、回復期の医療提供から、退院後の介護に至る一連の流れを、中山間も含め地域地域で個々人の健康状態に応じた形で展開できるように努める。その際、ドクターヘリなどによっていざという時の３次医療へのアクセスも確保する。」これが長寿県構想で目指した「高知版地域包括ケアシステム」の全体像である。

正直言って、私の在任中には、まだこうした構想のパーツパーツを構築したにとどまる。その本格的な展開のためにも、中山間を更に手厚く後押しする国の制度も必要だろう。また、中山間の診療所を３次救急医療機関がリモートでバックアップするなどといった、新たな仕組みの導入の是非も検討していく必要があるだろう。地域住民と地域の医療界のご理解も得ながら、着実に進めていくべき施策である。

◉健康作り

加えて「健康長寿県構想」では、壮年期の死亡率が高いという本県特有の課題に対応するため、健康増進対策も徹底してきた。

特定健診、ガン検診の受診率向上や糖尿病などの血管病の重症化予防に取り組むとともに、高知家健康パスポートを導入して広く健康運動を県民運動とするよう取り組んだ。重複投薬の是正などは健康面でも重要な取り組みだ。また、認知症のサポート体制の強化に努め、中山間地域を中心に、「あったかふれあいセンター」などの健康作りのネットワークを展開してきた。

加えて、2期目から、小学校から高校において、食育から母子保健までをカバーする健康教育を本格的に実施することとした。これにより、子から親、祖父母世代にも良い影響が及ぶことも期待できる。

こうした取り組みは息の長いものだ。しかし、着実に積み重ねていくことにより、本格的な効果をもたらすことが期待される。いまや、受診率は全国平均を上回るレベルまで改善した。今後、健康指標全般の改善を着実に果たし、文字通りの「日本一の健康長寿県」に繋がっていくことを心から願っている。

◉それぞれの取り組み

このように、「高知型福祉」や「高知版地域包括ケアシステム」を通じて、中山間が多数を占める本県でも、地域地域で、それぞれの健康状態にあった最適なケアを実施できる仕組みを作ろうとしてきた。そして、県民の健康状態に対応した健康増進活動も展開してきた。

こうした取り組みを通じて、県民のQOLの向上と健康長寿を実現しようとしてきたのだ。またこれらは、医療・福祉を県民のニーズに対応して「無駄なく、効果的に」展開することにも繋がる結果、度々問題視される本県の医療費が高い、という問題の改善にも資することとなるはずだ。

時間はかかるかもしれない。だが、本県の抱える課題に対する「仕込み」は着実に行われてきている。

医療や福祉は全国一律で論じられがちな分野だ。しかし、全国知事会の社会保障常任委員長として全国的な社会保障の議論に参加した経験からしても、全国一律の基準で医療、福祉を論じることの限界は確かにある。本県の「高知型福祉」や「高知版地域包括ケアシステム」の取り組みや健康増進活動も全て本県の実情に応じたものだ。一律とすべきはそうしつつ、併せて、地域の実情にあった制度を、地域の関係者の的確な役割分担のもとに構築していくことが大事なのだろう。

やはり、知事選前に伺った大先達の先生のご指摘は正しかったと実感するのである。

なお、蛇足だが、一点補足を。経済政策としての産業振興計画を作った際、福祉産業振興という視点が欠けている、との指摘をたまに受けた。だが、日本一の健康長寿県構想は、社会保障に関わる産業振興という役目も受け持っている。高齢化などに伴い、社会保障に関わる需要は、年々、多様となり量も増えていく。同構想は、これに合わせて供給面を改善、発展させていこうとするものだが、そのことを通じて、雇用創出も大いに期待できる。

命や健康に関わる政策群であり、あまり、経済面での役割は強調しないようにしてはいたが、間違いなく、同構想は、経済効果の面でも重要な意味と役割を持つものだ。

教育改革——夢に向かい歩む力を

2007年秋に公表された全国学力テストの結果は衝撃的だった。小学生は国語33位、算数43位、中学生は国語、数学とも46位。特に中学生は全国平均から大きく引き離されていた。

「長年の教育改革にもかかわらずなぜ…」と県民の関心も高く、知事選でも争点となった。

知事就任後、それまでの教育行政について学ぶ機会を県教委に設けてもらった。後から聞けば、年度をまたいだ勉強会は計20時間を超えたそうだ。

勉強会の結果、それまでの取り組みは「子どもを大切に」という理念の普及について優れた成果を上げたが、理念を実現する具体策は改善の途上にある、との自分なりの結論に至った。

例えば、単元テストや宿題なども十分行っていない学校もある、と聞いた。これでは子どもの学力の定着状況を把握できず、補習などの対応も的確に取れない。

教室レベルでの具体策の強化こそ必要——。この思いで、強力な実行力に定評のあった中沢卓史総務部長に教育長就任を依頼した。

■全国学力・学習状況調査結果（H19〜R1年度）
◇本県と全国の平均正答率の差

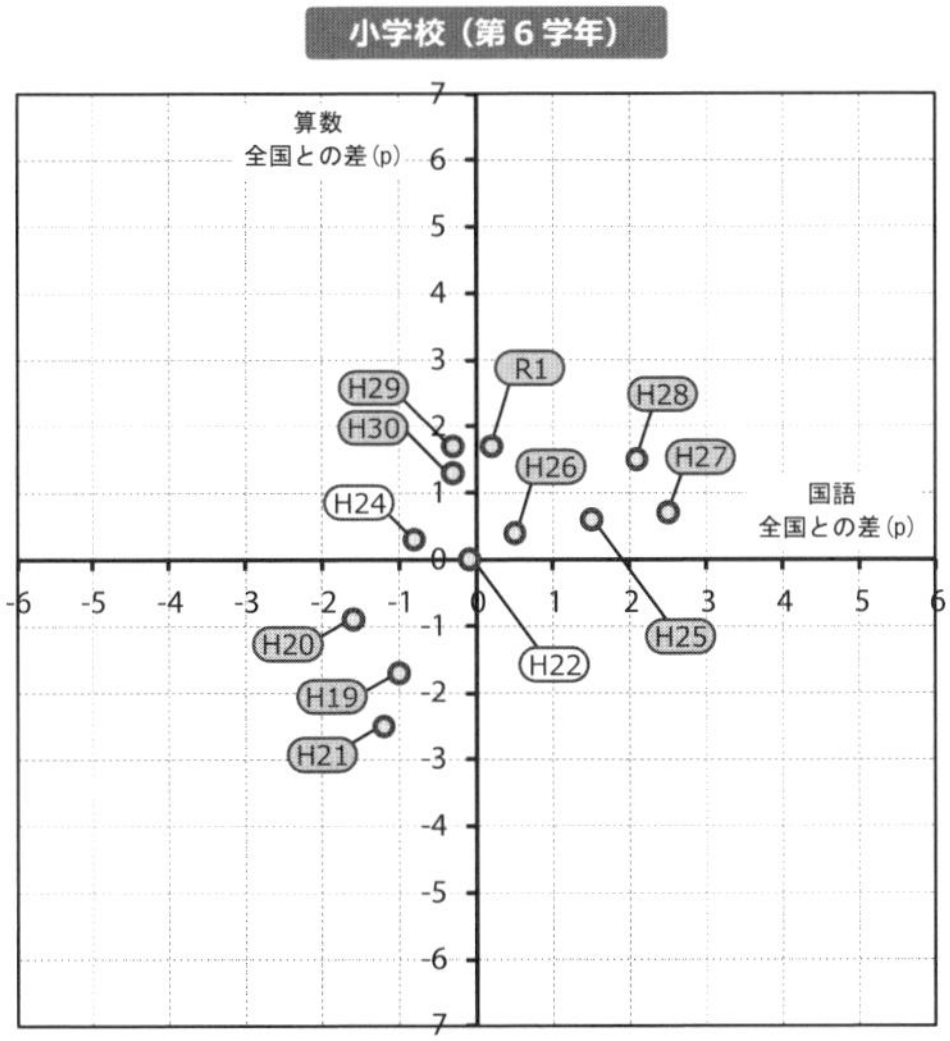

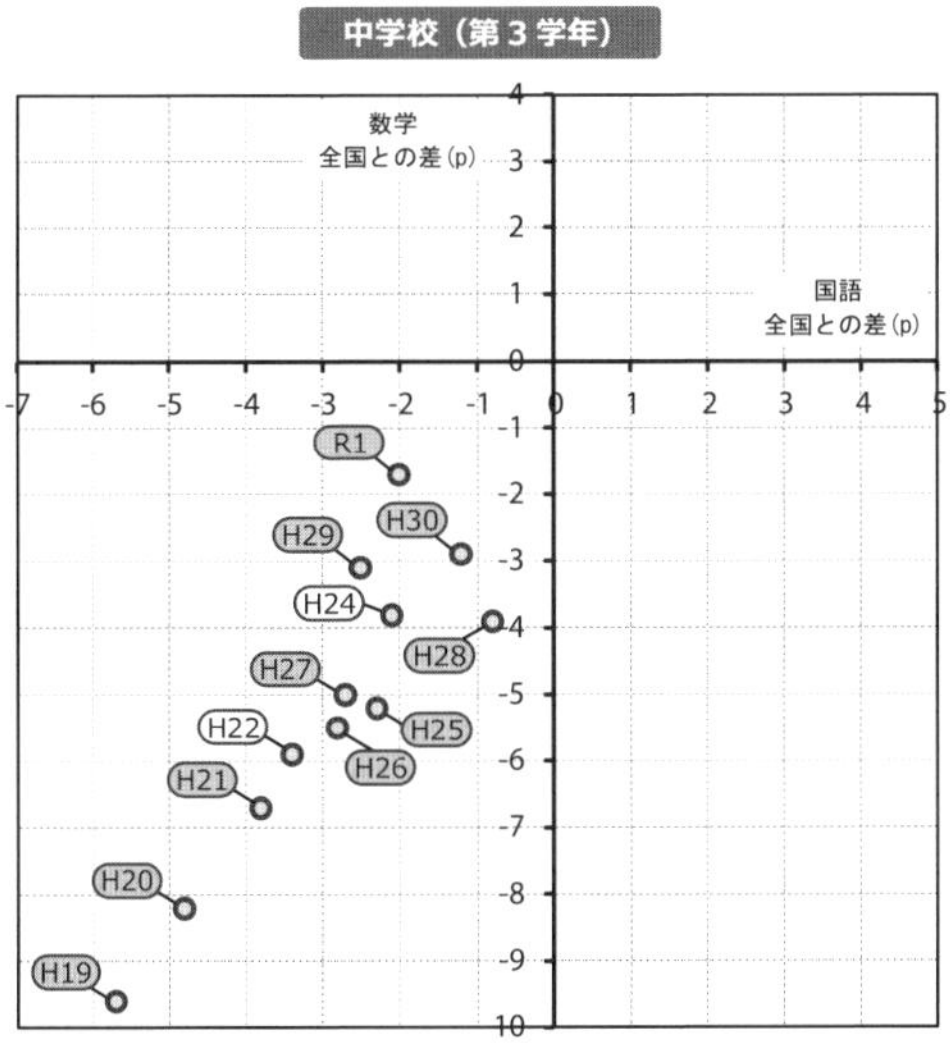

※平成22・24年度は抽出調査、平成23年度は東日本大震災の影響により、令和２年度は新型コロナウイルス感染症の影響により全国調査未実施

※令和１年度は、Ａ問題(主として「知識」に関する問題)とＢ問題(主として「活用」に関する問題)を一体的に問う調査となった。

出典：第３期高知県教育振興基本計画

◉知徳体全て

当初、学力向上の必要性を説く私に対し、一部の教育関係者からはかなりの反発があった。「テストの結果と学力は関係ない」「勉強はダメでも元気ならいい」など様々なご指摘を受けた。

しかし、1年後の全国体力テストは、小中男女ともに最下位クラス。また、不登校、暴力出現率ともにワースト2位。残念ながら、全てにおいて課題が大きいことは明々白々だった。

子どもが将来夢を抱いた時に、その夢に向かって力強く歩んでいける力を付けさせてあげることは大人の大切な役割だ。そして、言うまでもなく基礎学力も体力も道徳も全て、そのための重要な要素である。

私は「子どもたちのために、知徳体が軒並み全国最下位クラスという状況から脱しなければ」と強く思い、その旨を各所で説いて回った。

その際、現状打破のため、反発覚悟で「このままでは高知の子どもがかわいそうだ」とも述べた。ある時は、校長先生の集まりで、また、ある時は教職員組合の新年会で。

私を見る目が矢のようになった先生も確かにいた。ただ、深くうなずいてくれる先生もいたことに一定の手応えを感じたものだ。

◉自戒の念

私にとって、高校時代は悩み多き時代だった。友人には恵まれたが、勉強の好き嫌いが激しかった。数学や現代文は好きだったが、英語などのコツコツ暗記物には辟易とした。

当時は、大きな人間になりたくて、私なりにどうあるべきか悩んでいた。『竜馬がゆく』をメモを取りながら読んだりもした。あらゆることに通じる考え方そのものを学びたい、とも思っていた。

半面、地道な努力を「チマチマと…」と軽んじ、「アヒルが池で泳いでいます」を英訳するなどばかばかしいと本気で思っていたのだ。

未熟故に、コツコツの先に広がる素晴らしい世界を理解できていなかった。当然のように後に深く後悔し、20代半ばにもなって英語を必死で勉強する羽目に陥ったし、その過程で、叶えたいことをひとつ遂に叶えることができなかったのである。

学力向上対策は、テストの点数向上対策などではない。勉強の先に何があるかを教え、その先を目指す力を付けさせてあげることにより、子どもたちの人生を切り開き、より豊かなものとするためのものだ。

学力向上対策に私は自戒の念を込めた。

教育改革──子どものため学力を

なぜ、知徳体全てがこのように大変な状況になってしまったのか。

この点を学ぼうと知事就任後に始めた勉強会では、県教委の先生方から誠に多くを教わった。同じく危機感を抱く先生も多くいたのだろう。率直かつ詳細な説明を受けた。

◉ある数式

その一環として、全国学力テストの結果を設問ごとにつぶさに検討させてもらったが、中学3年生のテストで特に心に刺さった問題があった。

「2X＋3Y＝9　これをYについて解きなさい」という問題だ。

この問題は代数の基本中の基本だ。しかし、正答率はわずか4割にすぎなかった。「8－5×（－6）＝」という、より初歩的な問題でさえ6割5分にとどまっていた。

このテストは中学3年生の4月に行われる。これらが解けないということは、それまでの2年間、数学の授業がほとんど理解できなかったことを意味する。

基礎学力は夢に向かって羽ばたく力の礎だ。それを礎として新たな疑問が生まれ、そこから新たな知識が得られ、そして更に疑問が…と知的世界は広がっていく。しかし、高知では多くの子どもが入り口でつまずいてしまっていた。

そのつらさはいかばかりか。これらの意味するところは、単に「テストができない」ではない。授業が理解できず、子どもたちが「つらい思いをしている」ことを意味している。将来に向けて自信を失いかけた子どもも多くいるのでは、と危惧した。

子どもたちのために、この状況を必ず脱しなくてはならない。私はこの数式を何度も何度も示しながら、各所で学力向上の必要性を説いて回った。

◉スピード感を

当初、「学力向上には時間がかかる」とする教育関係者も多かった。「教員の質の向上が大事だが、それには時間がかかる」「そもそも、小学校、幼児教育段階から改善する必要がある」といった意見を多くうかがった。

私もその通りなのだろうと思った。ただ、子どもたちは毎年毎年、中学を卒業していく。時間がかかるから当面の卒業生には我慢してもらおう、とはならない。スピード感をもってできることから改善を図っていく必要があった。こうして、中沢卓史教育長を先頭に、県教委の挑戦が始まったのである。

２００８年６月、まずは緊急に対応すべき事柄をまとめた「学力向上・いじめ問題等対策計画」が発表された。

この計画では学力に関し、まず、単元テスト実施や、授業や宿題用の教材開発などの措置を講じた。

単元ごとに個々の学力の定着状況をきめ細かく把握し、宿題や補習等に反映させることは基本中の基本だ。

教員の研修充実などの本格的な対策も講じつつ、併せて、優れた教材を開発して、即効性のある形で授業改善を行おうと試みた。

また、知徳体全てが厳しいということは、その背後に共通の要因があるはずである。高知の場合は、経済面も含め厳しい環境にある子どもが多いことがそれだ、との考えの下、学校での放課後学習の充実を図った。家庭環境によらず、学習の機会を保障しようと試みたのだ。

高知大学教職大学院にて熱弁

各校に学校経営計画策定を求め、校長のリーダシップによる改善を促そうともした。

体育の授業改善などにより、年を追うごとに、体力テストの結果は速やかに改善していった。だが、残念ながら、学力の改善ペースは緩やかなものにとどまった。

やはり、緊急対策を超えた「時間のかかる課題」にも、より本格的に取り組む必要があったのである。

教育改革――より骨太の政策を

教育分野でも、ＰＤＣＡサイクルにより毎年度施策の改定を重ねた。

他の分野と連携を図ったものもあった。例えば、先述の通り、防災教育、健康教育を小中高全てで行うこととした。これらも生き抜く力を付ける取り組みである。

各地の学校にもたびたびお伺いした。

校長の指導力の下、地域ぐるみで教育が行われている小学校では、地域の高齢者にすっかりなついた子どもたちが、本当にかわいかった。長年続いた学級崩壊を専門家によって解消した事例には心底感心し、山村では、給食の時間に中学生が小学生をかいがいしく世話する姿に、小規模校ならではの良さを実感した。現場からは誠に多くを学ばせてもらった。

◉民意の反映

ただ、教育政策は教育委員会の所管である。知事の権限は、教育委員の選任と予算編成などに限られており、隔靴掻痒の感は免れなかった。

この点、首長と教育委員から成る総合教育会議が、教育政策の方向性を示す教育大綱を定める、という新制度ができたことは、一つの転機となった。

これは、政府の教育再生実行会議の提言をきっかけとしたものだが、私は2013年1月から同会議の委員を務め、この制度の推進派筆頭であった。

常々、有権者の教育に対する関心は高いのに、その民意を受けて首長ができることが限定されすぎている、との思いだった。もちろん、個別の教育内容にまで、首長が首を突っ込むべきではない。方向性を示す大綱作りを担う同制度は、バランスの取れたものだ。

2016年3月、6回にわたる総合教育会議での議論を経て「教育等の振興に関する施策の大綱」いわゆる教育大綱を公表した。この大綱では、「時間はかかるが、本質的な課題」にも腰を据えて取り組もうと試みたのだ。

◉チーム学校

教員の質の向上は、その最たるものである。

職員研修の充実に加え、学校での日々のトレーニングの充実をもくろんだ。例えば、中学校では同一学年の同一教科をクラスごとに別々の先生が担当し、互いに教え方を学び合う教科会を定期的に持つこととした。福井など先進県に倣った「縦持ち」という制度だ。

若手とベテランの先生がチームで不登校、いじめ事案などに取り組む仕組みも設けた。

これらは、担任の先生に過度に頼るのではなく、学校の組織力を生かそうとする取り組みだ。「チーム学校の構築」として大綱の第1の柱となった。

第2の柱「厳しい環境にある子どもたちへの支援」では、放課後学習の一層の充実に加え、専門家の学校配置や心の教育センターの充実などの施策を講じた。

第3の「地域との連携・協働」は、一連の取り組みに不可欠だ。

幼児教育こそ重要という意見は根強い。「就学前教育の充実」を第4の柱に据えて、保幼小中の連携などの取り組みを強化した。

まだまだ、やるべきことはたくさんある。後に詳述するが、教育の地域間格差の解消や、全国最悪レベルの不登校への対策も、引き続き大きな課題だ。デジタル時代の到来にふさわしい教育内容の検討も必要だろう。

ただ、小学生は全国上位、中学も全国と差が縮まるなど、学力は一定改善した。体力も今や全国平均並みだ。

多くの教育関係者の大変なご尽力のたまものだ。今はただただ頭が下がる思いである。

総合教育会議に臨む

子どもたちのこと――生きぬく力を

これまでと重複する点もあるが、ここからは、高知の子どもたちに関わる施策の展開について、教育と福祉の両面からより詳しく回顧させて貰いたい。

知事在任時、高知の子どもたちのことについて、申し訳なく、かつ、辛《つら》い思いを何度もした。一つは、知事選前に知った学力テストの結果である。先にも述べたが、全国最下位クラスという厳しい結果には、知事選挙を通じて厳しい声を幾度も伺った。何故なのか、を知りたいと、教育委員会事務局とかなり綿密な勉強会を重ね、その深刻さを学んでいる最中、もう一つの悲しい知らせが届いた。

就任して2か月ほどたった、2月4日。出張で東京事務所の知事室にいた私に十河副知事から緊急の電話連絡が入った。「南国市で児童の虐待死事案が発生しました。県が関わっていた事案です。」ズシンと胸に響く悲しい知らせであった。

帰高後、その詳細を担当から聞くにつれ、悲しみに胸が塞がれる思いがした。家で度々虐待を受けた幼子は、放課後校庭で一人ポツンとたたずんでいたという。底知れぬ悲しみと孤独を思い、胸の内では涙を禁じ得なかった。

専門家のご意見も伺い、関係機関の連携強化と児童相談所の体制強化が必要だと判断し、専門職員の増員など様々な対策に邁進した。だが、併せて、虐待の背後にある厳しい現実を率直に認めて、何かより根源的なサポートを検討しなくては、と直感したのも事実である。

それから1年ほどの間、全国との比較において、厳しいのは学力だけでなく、体力も非行事案なども同様であることを知る。２００８年12月に明らかになった全国体力テストの結果は軒並みほぼ全国最下位であったし、非行事案や不登校も全国最悪クラスであった。知徳体全てに課題があるということは、背後に共通する深刻な課題があることを予感させたのだ。

◉つらなる課題

先にも少し触れたが、１期目のころ、教育や福祉について、教育関係者からこうした話をよく伺った。高校の学力が低いのは中学の学力が低いから。中学の学力が低いのは、小学校の段階で課題があるから。更に、小学校段階で課題があるのは、そもそも就学前の子育てに課題があるからだが、これは保護者の経済状態が厳しいのと、その養育環境に課題があった場合があるから。そして、この背景には、言わずと知れた県経済の厳しさがある。故に、高知の教育の課題は一朝一夕には解決できない、というものだ。

私はこうした教育関係者の指摘を否定的、肯定的、両面から受け止めた。経済が厳しいことは確かだ。故に産業振興計画などを通じてその改善に邁進しなくてはならない。だが、経済が厳しい県でも学力の高い県は秋田をはじめいくつもある。だから、それ故に諦めてはいけない。

そして、前段階に課題があるならなおさら、それぞれの段階で少しでも改善を図るべく努力しなくてはならない。だからこそ、小中高、それぞれの段階で知徳体それぞれの改善を図る施策が必要だと考えたのだ。

しかし、この論は極めて重要な指摘も行っている。小中高の連携の大切さもそうだ。加えて、保護者への支援が大事だ、という点も重く受け止めた。

就任後早々に起きた虐待死事案への反省から、困難事案は知事室まで積極的に上げてくるよう指示した。責任は知事にあると明確にすることによって、職員が一時保護などの措置をためらいなく実行できるようにするためだ。そして、その過程で、あくまで書面の上ではあるが、厳しい厳しい家庭の状況を知る機会を数々得た。そもそも保護者へのサポートを強化しないと、子どもが危ない、というケースをいくつも知ったのだ。

そして私にとって決定打となったのが、先述の「1歳半検診の受診率が全国最下位」という事実である。全国平均よりも10％近くも低いというのは、並のことではない。頭をガツンとやられた私は、厳しい状況は決して一部の家庭にとどまるものではない、一定の広がりをもってこうした課題があることは間違いない、と覚悟を固めた。

知事として、申し訳ない思いでいっぱいであった。経済の改善に邁進するとともに、保護者への支援を含め、子育てについて、成長段階に応じたトータルなサポートを強化しようと覚悟したのだ。

その際、健康長寿県構想と教育との連携を強く意識した。子どもの問題は、就学前と就学後の両面を捉える必要があるからだ。

既に述べたが、幼い頃は保護者へのケアを中心に、そして、長じるに従って子ども自身への対策を強化する。こうした考えを基本として、児童福祉と母子保健との連携強化や就業支援等から、放課後の学習支援まで一貫した対策を講じようとした。高知版ネウボラと称して、地域の子育てサポート体制を整える取り組みにも着手した。

◉生きぬくために

更に2期目からは、これまでにも触れたとおり、子どもたちに対する健康教育と防災教育にも力を注いだ。子どもたち自身の「生きぬく力」を育む教育を充実させたいと考えたからだ。

健康教育は、小学校低学年から、早寝早起き朝ごはんの教えから始めて、食育、保健、母子保健と長ずるに従って内容を高度化している。如何にすれば健康的な生活を送れるのか、そして、子を持つことになった時には何をすべきなのか、年齢に応じて身につけていってもらいたいと考えたのだ。

そして、防災教育は、地震などの災害から命を守るために必要なことを訓練とともに学ぶ。この二つの教育によって、子どもたちは、平時には如何に生活すべきか、危機時には如何に対処すべきかを学ぶことができる。

家庭環境が厳しいからこそ、そして、災害の多い県だからこそ、自ら生き抜く力を子どもたち自身の中に育んでいく必要がある。大人として子どもたちのためになすべきことだと考えてきたのだ。

子どもたちのこと――その苦労を少しでも

教育問題では、学力も体力もともに任期中に一定の改善を果たすことができた。特に、小学校の学力は今や全国上位だ。

しかし残念ながら、不登校については、任期最初の年と同様に、任期最後の年となっても全国最下位レベルにとどまったままだ。むしろ、不登校の児童の全児童に占める割合は増加傾向を辿ってきた。時に病欠などとの境が微妙な場合もあるそうだが、学校現場は積極的に不登校として認知し、これに向き合ってきた。増加傾向の一因はこの点にもあるが、いずれにせよ状況は極めて深刻なままだ。

いじめや不登校などの課題の解決に向けて、有識者や教育関係者のご意見を伺おうと、いじめ問題等対策協議会を設置し、私自身が議長を務めて数々のご意見を伺った。優れた結果を残した校長先生に、学校で直接ご意見を伺ったことも幾度かある。

不登校の原因は様々だ。友人関係、学力の問題、家庭の問題、健康問題など、多様な背景があり、その個々の事情に応じた対策が必要だ。

有識者のご意見を基に様々な施策を講じることとしたのだが、その肝は先に触れた「チーム学校」を徹底することであった。担任の先生1人に全てを任せても、多様な課題に対処する苦労は並大抵ではないだろう。若い担任の先生を、経験豊富なベテランの先生や、外部の専門家がサポートする体制を整える必要があると考えた。

学校へのサポートを充実させるため、心の教育センターの体制も強化した。人的体制の強化とともに、建物も新しくすることとし、教員への研修や特に難しい事案への対処などをより手厚くした。更には、学校へのスクールソーシャルワーカーやスクールカウンセラーの配置を大幅に増やした。現在、本県のスクールソーシャルワーカー、スクールカウンセラーの配置率はそれぞれ全国二位、一位である。

任期の最終盤に検討していたのは、不登校からの出口を充実させることだ。それぞれの原因に応じて多様な居場所を作り、それぞれが徐々に学校生活に慣れていく道筋をつける、というものだ。元の教室に復帰することが良い場合もあれば、必ずしもそうではない場合もある。それぞれの子どもの状況に応じて、良き居場所を作っていこうという考え方だ。

不登校の課題は、多様な背景を持つ。学校の先生方は多忙な中、今も、生徒一人ひとりに向き合って、対応を続けておられる。

一人ひとりの悲しみと困難に向き合える体制をどう作るか。私にとっても今も課題であり続けている。

◉スポーツもまた

もうひとつ誠に申し訳なく思うのは、スポーツについてである。

スポーツは知徳体の成長に有意義で、格好の自己実現の機会でもある。若い頃にスポーツに親しむことによって、スポーツを生涯身近なものとできれば、心身ともに健康で豊かな人生にも繋がろう。

しかし、残念ながら高知のスポーツ環境は優れているとは言い難い。高知にも優れた指導者、関係者の方は沢山おいでになる。だが、こうした方々からも指摘を受けてきたことだが、総じて言えば、他県に比べ練習施設は十分ではなく、世界レベルの指導者を招聘する仕組みも十分でない。私の任期中には、国体4年連続全国最下位という誠に不名誉な結果を招いてしまった。

これをなんとかしようと、まずは、2017年度より、スポーツ行政を教育委員会から知事部局に移管した。学校保健体育の延長としてのスポーツ行政では不十分だと考えたからだ。

その上で、高知県スポーツ振興県民会議を立ち上げて全国から有識者をお招きし、専門的なお考えを様々にお聞きした。端的にいって、その教えは、現代のスポーツは、優れた指導者の下で、科学的な知識に基づき、ある程度の若い年齢から如何に良質なトレーニングを受けられる環境を作るかが勝負だ、というものであった。

この教えに従って、競技ごとに、県内の優れた選手を選抜して「全高知チーム」を作り、そこに県外から優れたコーチを招いてハイレベルな指導を行ってもらおうと考えた。また、各種の測定装置などを備えた「高知県スポーツ科学センター」を設置して、科学的な練習のバックアップ体制を強化しようとも試みた。その上で、必要な運動施設の整備を行っていこうとしたのだ。

県外なら企業主導でこうした環境が整う場合も多いと聞く。しかし、いわゆる大企業の少ない高知の場合は、そうした環境は乏しい。

私がスポーツ行政に本格的に力を入れ始めたのは3期目の2年目になってからだ。言い訳になるが、それまでは、義務教育の改革などに注力し、十分に力を割くことができなかった。任期の最後の年になって、国体順位はやっと最下位を脱したが、それでも46位。全くの道半ばという状況で終わってしまった。だが、全高知チームがすでに15競技で設立されるなど、着実に取り組みは前に進んでいる。今後、多くの関係者の努力が実り、高知のスポーツの振興が着実に進んでいくことを心から願っている。

子どもたちのこと――地域間格差の解消を

昔々高校生の頃、授業中に敬愛する恩師からあることを言われた。

「都会の大学に進学したら、皆、おそらく苦労するだろう。都会の子どもたちとは、勉強の環境が大きく違う。だから、読んだ本の量も質も全然違うだろう。でも、それは素質の問題ではない。これから大いに頑張って取り戻せばよいのだ。君たちは若いのだから。」

大学に進学した時、確かに恩師の言う通りだと思った。東京育ちの学生たちは、難しい本を既に読んでいたし、難しい英単語もよく知っていた。有名な博物館や美術館にも何度も行って、大変な物知りだった。

確かに田舎者は大変だなと思いつつ、だから私は頑張ろうと思った。大学では、友人に恵まれ、文化系ではキャンパスで最大級のサークルの長になったこともあり、コンパや合宿の数も相当のものであった。他に2つのサークルを掛け持ちしたりと、決して勉強一辺倒の日々ではなかったが、少なくとも心の中では常に、自分はもっと勉強すべきなのだ、との前提で過ごしてきたつもりだ。

田舎だから苦労する。経済的に厳しい県だから苦労する。こうした境遇にある子どもたちを少しでもサポートしてあげたいと、知事として、自らの経験にも照らして心から願ってきた。

地下鉄もなく、超高層ビルも大規模な博物館もなく、エンタメの機会も少ない、などといった都会との環境の違いはやむを得まい。その分豊かな自然のある高知は、その良さを生かした教育を行うべきなのだろう。

だが、併せて、地域間格差を少しでも縮めるべく努力する必要もある。

◉高知の中でも

都会と高知の間と同様に、格差は高知県の中にもある。高知市周辺部と中山間との格差だ。梼原や嶺北では、大学進学のための学習環境の改善を願う高校生の話を直接聞いた。子どもたちはそれでも前向きだったし、先生や回りの大人たちも必死の努力をされていた。だからこそ余計に、私も子どもたちの夢を叶えるために何とか力を尽くさねばと思ったのである。

県内の学習環境の格差は、深刻な事態をも招きうる。中山間の学校の閉校である。より良い学習環境を求めて域外に転居する家庭も多い。仮にも地域で唯一の高校の閉校という事態を招けば、その地域での子育ての展望はより厳しいものとなる。結果、若者の定着やＵターンも含む移住促進にもマイナスの影響を及ぼす。地域の将来にも関わる重大な問題だ。

私の在任中には仁淀高校の閉鎖の事態を招いたが、いまだに、何とかできなかったのか、との悔いが残ったままだ。

都会と高知、高知市周辺部と中山間。この格差を何とか埋め、子どもたちの夢を叶える一助とする。そして、若者が定着できる地域作りに繋げる。このことは、任期終盤の私にとって大きなテーマとなった。

◉まずは補習として

教育の地域間格差を埋める。そして、中山間の学校を残す。この観点から、まず力を入れたのはデジタル技術による遠隔教育の充実である。

教授法に特に優れた先生方は高知市内にいる場合が多い。そのカリスマ先生の授業を遠隔授業で高知市内から中山間の高校に配信できればと考えたのだ。最終的には、教育センターに遠隔授業の配信センターを作り、そこから中山間の各校に一斉配信するという構想を立てた。

知事最後の年の夏に、第一弾の実験的な取り組みとして、高知市内から追手前高校吾北分校と梼原高校に、数学と理科のカリスマ先生の授業を補習として遠隔配信する取り組みを始めた。追手前高校の一室で、私も伊藤教育長とともに、その配信に立ち会ったのだが、先生との質疑応答も概ね良好、子どもたちが少し恥ずかしそうに、でも、うれしそうに授業に参加する様子に、心底嬉しくなった。これは上手くいく、是非進めるべきだと確信を持ったのである。

通信環境の改善により、遠隔授業の不自由さは殆ど無くなりつつある。生徒は、配信された授業を受ける際、担任の先生のサポートも受けられる。更には、録画して何度も復習することもできるはずだ。これは遠隔配信を受ける学校のメリットとも言えるだろう。

さらに、こうしたデジタル技術と教育との融合の先には、格差解消以上の期待も持てる。デジタル教材の充実により、一人ひとりの現状に応じた教育を一層充実させることが可能となるはずだ。

子どもたち一人ひとりの学習進度は異なる。得意、不得意も様々だろう。それにも関わらず、教室では皆が先生から同じ授業を受けるという点に難しさがある。だが、同一の科目でも、難易度の異なる授業や教材をデジタル素材として用意し、先生の指導の下、子ども自身が自らにあったものを選択する、ということも可能となりつつある。

デジタル技術を活用し、先生の配置や教材のあり方も併せて見直すことで、距離のハンディを超え、また、個々人の時々の状況に対応するものへと、教育の可能性は大きく広がっていくこととなる。

もちろん国の対応も重要だ。教育再生実行会議の委員だった頃、私は当時の安倍総理の前で何度もこの遠隔授業等の重要性を説いた。コロナ禍により、リモート授業が全国的に大いに活用され始めた。それに伴い、授業や教材のデジタル化や遠隔授業に関する国の対応も進みつつある。

その今後の展開に大いに期待したいところだ。

子どもたちのこと――時代に先駆けて

このデジタル技術を生かした教育の充実という施策群を、任期の最後に構想し、着手した。知事を退任する時、やりかけた仕事としてもっとも後ろ髪を引かれたものの一つだ。高知の子どもたちの可能性を切り開き、そして、地方創生の新たな切り札にもなると考えたからだ。

◉格差解消の先に

この取り組みが本格的に進めば、中山間と高知市内の教育の格差はどんどん少なくなっていく。むしろ自然豊かな中山間の方が情操教育にも優れていて良いと考える人々も出てくるはずだ。これは中山間での若者の定着や移住促進にも大いに貢献し、ひいては県勢浮揚の推進力ともなろう。

現在は、濵田県政の下で、高校への正規の授業として、数学と英語、生物と物理の授業が配信されている。また、これまで教育委員会事務局が各校をバックアップする目的で策定した各種の教材も、デジタル化され、生徒それぞれが進度に応じて利用できるようになり始めたそうだ。

今後、こうした取り組みを高校のみならず、小中学校でも展開できればと思う。まずは県内の地域間格差を解消することが目標だ。その上で、都会の小中高との間でも同様の取り組みを展開して、都会と高知との格差の縮小にも繋げられれば、と願うところだ。

更に言えば、全国の大学間でも同様の取り組みは可能なはずだ。単位の互換性を拡大し、それぞれの専門性を生かした講義を、場所を選ばずそれぞれの大学で聴講できる、そんな時代を作れないものだろうか。社会人教育の場としての期待も持てるのではないかと思う。

デジタル技術を生かした地域間格差の解消の先には、教育や研究上のコミュニケーションの劇的な拡大、ひいては、その内容の飛躍的な向上、といった夢が開けるはずだ。

◉そして、時代の流れを

高知の教育の今後について、もう一つ重要だと考えていたのは、この変化の速い時代において、時代の流れに取り残されない、時代の流れを先取りした教育を施していくことの重要性だ。

子どもたちは次の時代を生きていく。仮にも、地域間格差故にこうした教育を受けられないのであれば、高知の子どもたちは次の時代のスタートからつまずくこととなりかねない。

時代の流れに沿って必要な際たるものは、デジタル時代を生き抜くための教育の充実だろう。これからは、プログラミングやデータ分析などを当たり前のこととする時代がくる。

産業振興計画では、デジタル産業振興のために、ＩＴコンテンツアカデミーを開設し各種の講座を設けた。大半は大人向けの講座だが、大学生が高校生を教えるというプログラムも一つ設けた。聞けば結構な人気だったそうだ。

任期終盤には、今後他県に先駆けて何ができるか、あれこれ頭の中で考えていた。学校に民間の専門家を何らかの資格でもって教官として配置するとか、有効なデジタル教材を官民協働で開発するとか、色々と考えていたのだ。

これらは、知事在任中には、頭の中の構想に終わってしまった。更に、今後は、地球温暖化問題を筆頭に様々な環境問題とその対処法に関する、いわばグリーン教育の充実も求められるのだろう。頭の中に芽生えた発想を練り上げて、今後の活動に生かしたいと考えているところだ。

田舎だからこそ、人情に厚く自然豊かな地に育つからこそ、それに応じた心豊かな人間性が育まれる。高知はそうした方向を是非目指すべきだ。だが併せて、田舎だからと諦めず、いや田舎だからこそ、時代の流れを先取りする教育を是非とも充実させるべきだ。

変わらぬものに立脚しつつも、変わり行くものをも的確に捉えた、そうした分厚く柔軟な教育を展開する。それによって、子どもたちが、豊かな情操と時代を先駆ける知見をもって、その可能性を大きく開花させる。

こうしたことが実現できるよう、これまでの経験を生かして、今後も取り組んでいきたいと考えている。

第6章

県政運営
――至誠通天の12年

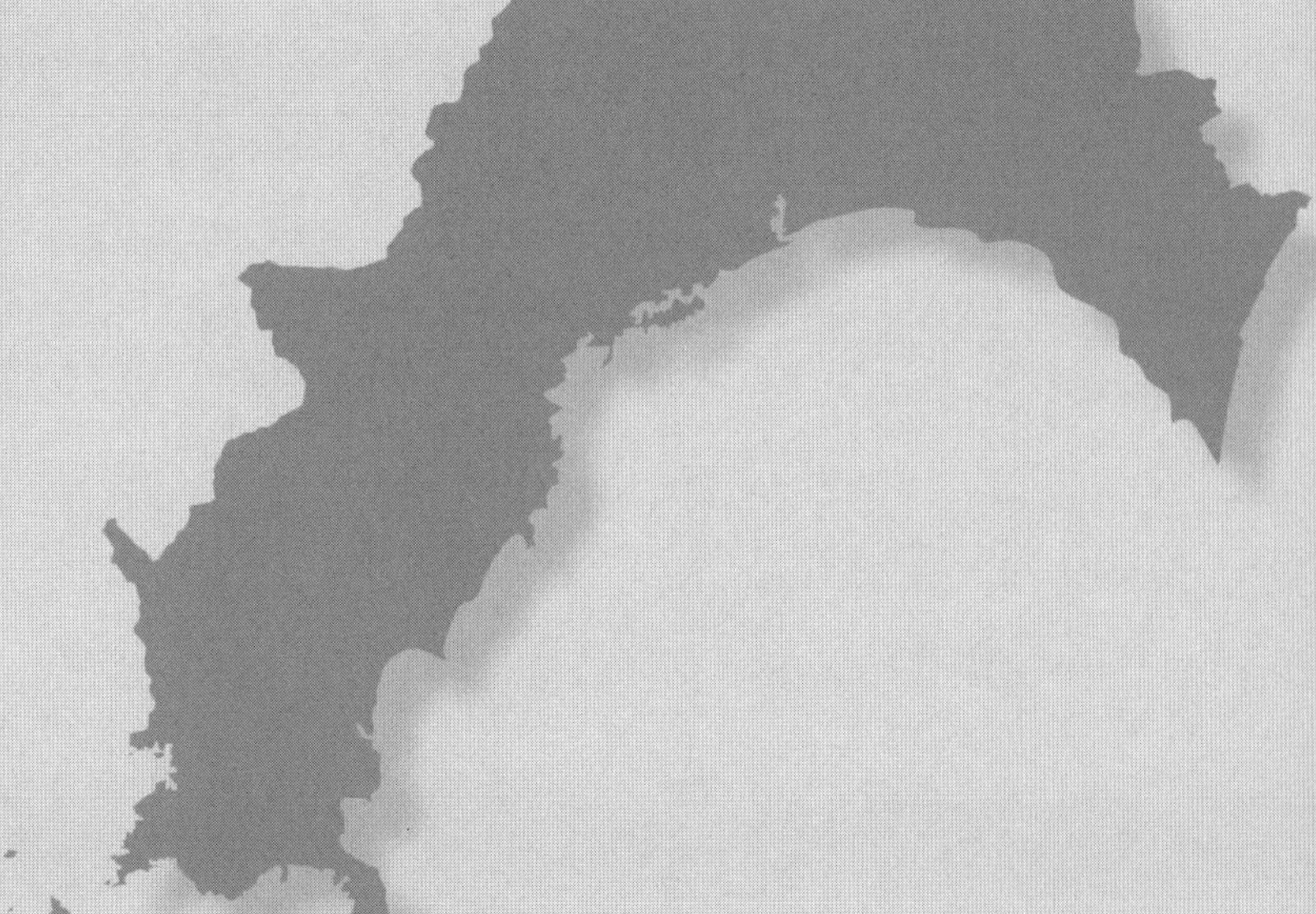

意思決定──悪い話ほど知事に

私はよくトップダウンだと言われた。しかし、知事部局だけでも１６７もの課室、出先があり、当然、知事が全てに指示を出せるものではない。

逆に言えば、だからこそ、知事が意思決定過程のどこに関わるかが県政上のポイントとなる。

２００８年1月28日、初の県予算知事査定に臨んだ。尾﨑県政の予算編成スタートだ、とカメラも居並び、華やかに報道もされたが、内心はやや違和感を抱いていた。

実は、知事査定が行われるのは財政課長、総務部長査定を経た最終盤だ。

予算書上の最小単位の「細目」はおおむね千近く。それだけの政策群があるのだが、知事査定の対象は時間の制約もあり、せいぜい20程度。大多数は事務方の間で決まり、もめにもめた案件が、最後に「知事のご判断を」とされるのである。

もめごとの「裁き」も大事だ。しかし、それだけでは民意を踏まえた県政のかじ取りとは言えない。そう思った私は、翌年度から、予算編成の本当のスタート時点である、11月の各部局の予算要求の段階から関わることとした。要求の全体像を把握して、方向性を指示するとともに、必要なものは追加するよう促しもした。

さらに、産業振興計画などでは、ＰＤＣＡサイクルによる改定作業の初期から携わった。「デジタル化の流れを生かそう。この分野でこういう方向で。」といった方向性を示し、詳細は事務方の検討に委ねた。中でも、特に重要なものは、まさにトップダウンよろしく、私自身が細部まで相当にこだわって吟味を重ねたのだ。

◉数々の懸案

とはいえ、日々の大半の事柄は知事室の前に意思決定されたろう。そうあるべきでもある。ただ、これだけは知事室で決めなければならない、というものがある。いわゆる「悪い話」だ。

不祥事、ミス、計画の想定が狂った―。そうした「悪い話」ほど副知事か知事に速やかに報告を、と職員に口酸っぱく訓示した。

良い話はゆっくりでいい。だが悪い話は、初動が大事だ。撤退すべき案件などは、責任の取れる知事に早く判断させなければならない。

しかし、担当者は失敗と見なされがちな「悪い話」を上げたがらないものだ。故に、上げた後は知事の責任、だから早く、と何度も何度もお願いした。

在任中には数々の懸案にも直面した。高知競馬の再建問題、医療センターのＰＦＩ解消交渉、建設談合問題、とさでん交通問題、ルネサス撤退事案などである。

後述するが、こうした「懸案」では、あちらを立てればこちらが立たず、という場合が多く、それぞれの判断の根拠についての説明責任が特に求められる。タフな交渉も多く、本県出身で在京の市川直介弁護士にもお願いして、全国区の陣立を整えて臨みもした。そして、ここでも、悪い情報をいかに早く正確に得られるかが肝であった。

◉良き相談相手

実のところ、「悪い話」の報告が徹底されるにつれ、知事室は大変になっていった。

良い話の協議は「よかった、よかった。お疲れさま」とすぐ終わるが、悪い話は時間を要する。「またもめました」「想定外です」など、朝から晩まで「悪い話」で知事室は占拠されることとなった。うれしい悲鳴と言うべきことだが。

そんななか、岩城副知事の役割は重要だった。多くの場合、部局長にとって悪い話の最初の相談相手は、強面の私ではなく、岩城さんだったはずだ。

私にとっても8年間、良き相談相手でいてくださった。岩城さんあっての県政だったと、心から感謝している。

岩城副知事と

政策提言―国を動かす工夫

財政力の弱い本県にとって、さまざまな政策の実現のために、国の後押しを得ることは不可欠だ。

そこでまず重要なのは、本県選出の国会議員と県政、市町村政がタッグを組むことだ。足並みが乱れれば老練な霞ケ関を突破できない。12年間、本県の国会議員の皆さまには本当にお力を賜った。心から感謝申し上げたい。

◉陳情ではなく

その上で打率をさらに上げるための工夫も3点ほどあった。

第一は、「陳情」ではなく「政策提言」を行うことだ。

財務省勤務時代の経験から「どこをどのように」というツボはある程度分かっているつもりだった。「高知のためにこれをよろしく」という陳情型では人口の少ない本県は不利だ。「もっと関係人口の多い案件が」と後回しにされかねない。そうではなく、「全国の田舎に共通の課題。ぜひこの政策を」と提言すれば、社会的意義も大きいとして採択されやすい。当然、それは本県の後押しにもなる。

さらに、この提言は、陳情団が霞ケ関にあふれる年末ではなく、5月前後に行うと効果的だ。

このころ各省庁は、夏の財務省への概算要求に向けて、来年度の政策の「玉」をあれこれ検討している。この段階で、相手が本県の政策提言を良い知恵だと思ってくれればしめたものだ。秋以降の予算編成期に財務省という関門はあるが、少なくともその省庁は味方となる。

第二の工夫は、分厚く素早い情報収集態勢をつくることである。

霞ケ関や永田町での好ましい流れは大いに生かし、逆の場合は対策を練る。この勝負の肝は生きた情報である。

私は最初の知事選で「東京事務所の抜本強化」を公約に掲げた。就任後は、これに従って職員を増員、省庁ごとの担当を定め、ネットワークづくりと情報収集を主な職務とした。

職員は狙い通り随分頑張ってくれた。例えば、国土交通省の担当者たちの働きはこうだ。

「とんび会」という同省出入りの各県職員の会があるが、本県職員は人望を得て歴代その最高幹部を務めている。そのおかげで、局長クラスから担当クラスまで即座にアポを取れるほどの関係が築かれていた。

「どうやら、昨日の会議であの提言が議論されたらしい。ただ感触は△」との情報をつかんだ彼らの先導で、私も関係局長、課長を説得して回ったものだ。重要案件が主計局ともめていると聞かされ、即座に主計局長室に飛び込んだこともある。

他省庁の担当職員も多くは同様だった。守衛さんと顔パスの関係を持つ職員も多かった。それだけ足を運んだということだ。慣れぬ東京での職員の活躍は見事だったのだ。

工夫の第三は、関係自治体と協働して交渉力を増すことである。

◉増えた出張

課題が大きければ大きいほど、高知のみの交渉では限界がある。このため、積極的に関係の知事らとの連携を図った。これまでに触れたとおり、例えば、南海トラフ地震対策強化に向けて「９県知事会議」を、また木材需要拡大を目指してＣＬＴ首長連合を立ち上げた。

また、全国知事会での社会保障関係の役職に加えて、教育再生実行会議や中央防災会議の分科会、ナショナルレジリエンス懇談会などの委員に就任。さらに全国高速道路建設協議会の会長も務め、国家的な課題に地方の声を反映する良きチャンスを得た。

私の東京出張の回数は年々増え、月２、３回も普通となった。中央での役職が増えたこともあるが、県政運営上、国から地方への関心を引き出し、国を動かす必要性が増え続けたことが一番の原因であった。

全国知事会・社会保障常任委員長として

県民の視線──理解と備えと

県民はやはり「県政を、知事を、よく見ておられる」と自覚することはしばしばあった。何か行うとその反応が、酒席や行事での会話だったり、県庁職員からの情報だったり、メディアからだったりと色々と聞こえてくる。

だが、何かしたことに対して何らかのはっきりとした反応があるのであれば、それはそれで良い。私が怖いと思ったのは、そもそもやっていることが全く知られていない場合だ。

◉政策広報

就任して1年にも満たない秋の夜、もう寝ようとしていた私に記者から電話がかかってきた。曰く、「明日の新聞で色々でるけど、あまり気にしないように」と。何のことかと思いきや、県政満足度調査が行われ、尾崎県政に「満足」との回答はわずか31・1％、「可もなく不可もなく」が48・5％と報じられていた。

これは正直かなり辛かった。私は、そもそも若い知事が何をやっているのか分からない、というのが県民の声だと受け止めた。

当時は、産業振興計画作りに邁進している最中。自分では、数々の抵抗の中、多くと戦いながら、一生懸命働いているつもりだった。だが、当然のこと、まだ結果は何も出ていない。故に何もしていない、と県民はしっかりと見ておられたのだ。

私は、龍馬さんを心から敬愛している。その数々の語録も心に刻んでいるつもりだ。「世に生を得るは事を為すにあり」は私の人生の指針だし、いつかは何かを「せんたく」したいとも思ってきた。だが、この一件以来、「世の人は我を何とも言わば言え、我がなすことは我のみぞ知る」という言葉は、現代の政治にはあまり向かないと思うようになった。

言うまでもなく、民主主義の下では、何をしようとしているのか、しっかりと県民にお伝えして、理解を得ることが大事だ。理解を得られずとも自分は正しいことをやっているのだ、と自負するだけでは、税金の使い道の了解は得られないだろうし、目標達成に不可欠な官民協働の体制も敷くことはできない。

当たり前のことだが、地産外商政策として何をやっているか知られることなく、誰も参加してくれないのであれば、その効果は全く上がらない。県勢浮揚に向けて、産業振興計画などの諸政策の結果を出すためには、まずはその第一歩として、何をしようとしているか県民によく知っていただく必要があったのだ。

これは強烈な反省点となった。一つには「小さくとも早い段階での成功例」を作り、何をしようとしているのか、具体的にわかりやすくお示しする工夫が必要だったと反省した。今も、私より後に知事に就任した方々には、求められれば、このアドバイスをするようにしている。

加えて、県として、日々、政策によって何をしようとしているのか、それは何故なのかを、しっかりと県民にお伝えする努力をもっともっと徹底すべきだった、とも考えた。

かつて県の広報は概ね「行事のお知らせ」だった。採用試験を行いますとか、県のどこどこの施設でこれこれのイベントをやります、とかだ。しかし、この反省の後は「行事のお知らせ」ではなく、このような「政策広報」を実施することとした。広報広聴課の皆さんはじめ県職員も随分と頑張ってくれた。ラジオやテレビの広報番組や県の広報誌も全て内容を「政策広報」仕様に変えて、私自身も節々には自ら出演して広報を行った。

もちろん、評価されるのは結果であって、広報を変えたからといって県政満足度が上がったわけではない。後に80％超、退任直前には、ねぎらいの意味だと自覚しているが望外にも89・6％の満足度（２０１９年11月15～17日高知新聞電話世論調査）をいただいたが、１期目の半ば頃までは40％程度と低迷したままだった。

だが、この広報の徹底こそが、官民協働の県政の礎となったのだと今も思っている。そして、県民に政策の意図と方法をお伝えして理解を得る、という意識を職員に浸透させた意義も大きかったと思う。県民の理解を得られるか、を意識した、県民本位の県政により近づくきっかけとなったはずだ。31・１％は、辛く苦かったが、誠に良き良薬となった。

◉先が見えないからこそ

その上で、あえて逆のことも一言。やはり人知れぬ努力も重要だった。

県政運営に当たっては、必ずやバックアッププランを持つことが重要である。特に、危機管理や困難事案の場合はそうだ。厳しい交渉ごとでは、往々にして、相手はこちらが最も困ることを仕掛けてくる。最もあり得るシナリオに備えつつも、最悪の場合にも必ず備えていなければならない。

仕事をしていて職員に最も嫌な顔をされたのは、この最悪のシナリオに備えようとした場合だ。そこまでしなくても、とか、そんなことは起こらないのに等々。

性格にもよるのだろう。私は成果を出すことに絶対的にこだわる。まあできなくても仕方ない、とは思わない。県民の厳しさを知っているつもりだからだ。もちろん、徹底してこだわるのは重要案件に限られるのだが。

だが、断言できるが、数々の困難事案では、必ずこの最悪のシナリオへの備えが役にたった。後に結果が出た後には、初めから全てが分かっていたかのように事は語られる。メディアの報道も、多くは見通しや筋書きがあったかのような書き方をする。

しかし、事の最中には、先々がどう展開するかは分かっていない。故に、こちらは、相手の出方や状況の変化を予測して、複数の手札をもっていなくてはならない。そして、そのことは相手があるだけに、人知れず準備しておくものだ。

時には全く表に出ることなく消え去る手札もある。だが、その手札があるからこそ、その一歩前の手札が冴えたのだ。

知事は嫌われ役になることを恐れてはいけない。この厳しい準備を断固として命じることができるのは、最終責任者故だ。そして、そうしておかないと、必ずいつか事をしくじる。「勝ちに不思議の勝ちあり、負けに不思議の負けなし」なのである。

県政は県民の理解を得てこそ。だからこそ県民に知ってもらう努力が必要だ。そして、併せて、人知れぬ努力もまた必要だと、先人の教えに沿って、私も心がけてきたのだ。

懸案事項――説明責任の重要性

この「理解と備え」が特に必要となったのが、いわゆる懸案事項であった。

県政は、大きく分けて産業振興計画などの5つの基本政策と中山間対策などの3つの横断的課題によって構成される。日々、県勢浮揚を目指してこれらを着実に遂行していくことが、知事としての職務の基本だ。

だが、在任中には、この枠組みに入らない困難な課題に向き合うことも多々あった。豪雨災害などの災害への対応もそうだったが、その他にも数々の難問に直面し、かなりの努力を傾注せざるを得なかったのだ。

◉1期目には

1期目には前県政から引き継いだ課題が多かった。県立大学改革、医療センターの経営問題、高知競馬の再建問題、などだ。

実は、知事として事実上一番最初にした仕事は、高知競馬についてだった。就任日の前日である2007年12月6日、「予算編成に間に合わなくなるから来てくれ」との担当部長の求めに応じて県庁に「出勤」。総務部長室で「高知競馬の経営状況は極めて深刻だが、あなたはこの高知競馬を潰すつもりか、それとも残すつもりか」と問われ、「多くの関係者の暮らしに直結する問題。絶対に潰さない」と答えたのが事実上知事としての最初の判断だった。その後は、爪に火をともすような関係者の努力が積み重ねられた。後に、ナイター競馬を導入して、それをネットで全国に販売するという作戦が当たり、売り上げも随分と増えたが、あの頃は本当に厳しい状況だった。

県立大学改革も難問だった。時代に合わせた学科のあり方とともに、立地をどうするかも課題となった。県内の学生の希望の多い社会・人文科学系の学部を充実させるとともに、教員、学生の利便と市街地活性化の双方の要請に鑑みて、永国寺キャンパスの充実を図った。併せて、２期目にかけて短大の発展的解消と４年生の夜間主コースへの転換を決断したが、この点は多くの反対も受けた。働きながら学ぶ社会人のニーズに応じた必要な対策ではあったが、短大への強い思い入れを持つ皆様には、今も申し訳ない思いだ。

医療センターの経営問題も大変だった。同センターの経営状況は極めて厳しく、当時締結されていたＰＦＩ契約の見直しは先送りできない課題だった。交渉の過程では、契約先の親会社であるＯＲＩＸ社本社に岡崎高知市長と一緒に直接訪問したこともある。更には、東京の弁護士事務所のお力も借りた。最終的に、同社のご理解を得てＰＦＩ契約を解消できた時には、心底ほっとしたものだ。

◉２期目には

２期目には、いきなり建設談合問題に向き合うこととなった。ある会議中に、公正取引委員会が立ち入り、との緊急のメモがさし入れられた時には、まさに青天の霹靂の思いだった。事業者にはコンプライアンス重視の観点から厳しい対応を貫くこととし、県としても６か月から14か月までの長期間の指名停止措置を行った。また罰則強化や談合情報の通報徹底など談合防止対策も強化した。

実際、長期間の指名停止という決断は重く苦しいものだった。事業者や関連事業者の連鎖倒産、従業員の大量解雇といった事態を招くことは避けたかったが、他方で、血税により賄われる公共事業の談合からの決別は法令順守の観点から絶対的に必要だった。談合体質が懸念され続ければ、国の事業採択やＪＶ組成もままならないという問題も残る。

最後の最後に大量解雇の危険に鑑み、主導3社を除き1～2ヶ月だけ指名停止の期間を短縮する措置をとった。批判も受けたが両者のバランスを鑑みたギリギリの対応だった。

まだこの談合問題の対応を重ねている最中、今度は土佐電鉄の幹部の不祥事が新聞報道された。同社の経営体質が問題とされたが、そもそも、かねてより厳しいとされてきた同社の経営状況が実際のところどうなのか、大変に懸念された。事は、年間約１０００万人が利用する中央公共交通の存続に関わる問題である。東京の弁護士事務所にも依頼して、専門家の皆様に経営状態の洗い出しを徹底して行ってもらった。

結果は懸念された通り。このままでは本当に公共交通は無くなってしまうとの危機感を関係者で共有し、同じく厳しい状況にあった高知県交通との統合に取り組むこととした。

多くの県民の日常の足となる公共交通である。その存続のためには、血税投入もやむなしとの決断をし、議会にもご理解をいただいた。その過程では、株主、債権者のご理解も得なければならなかった。多くの皆様のご理解を得て、今の中央公共交通は守られている。私からも改めて心から感謝申し上げたい。

◉3期目には

もうこれで難問はないだろうと思っていたら、2期目の終わりから3期目にかけて、ルネサス撤退事案が勃発した。平成14年当時、県は同社の2棟目の進出が内定したとの前提で、香南工業用水道まで準備していた。それにも関わらず、2棟目が来ないどころか、1棟目も撤退するというのは、ある意味最悪の事態だった。同社は幾度となく他社と統合し、経営陣の中に当時の経緯を知る方も少なかったこともあり、交渉は大変だった。だが、粘り強く交渉を重ねる中で、同社も誠意ある対応を示してくれ、結局、同社保有の2棟目用の用地を無償で県に譲渡する等の条件で折り合いがついた。

その後、従業員の雇用維持を図るため同社跡地への企業誘致に向けて県庁職員は必死に頑張ってくれた。丸三産業株式会社の誘致が決まった時は、心からホットしたものだ。だが、それでも希望に沿えなかった方々も多い。誠に申し訳ない思いである。

現在の産業廃棄物処理施設「エコサイクルセンター」の後継の施設を建設する必要があると職員から聞かされた時は、正直なところ、これは大変だとの思いであった。「エコ」の設置場所を決める時、当時の村長がリコールされるなど、大変な混乱を招いたことを良く承知していたからだ。

このため、設置場所の選定にあたっては徹底して科学的な根拠に基づき選別することとし、その上で、その決め方について、これまた徹底して情報公開して透明性を確保することとした。安全性が確保された最適な立地であることを県民に信頼してもらうためだ。

新施設の整備に向けて現在も準備・検討が重ねられている。本県産業の日々の営みに必要不可欠なこの施設が、安心・安全な形で整備されることは絶対的に重要だ。周辺対策や地域振興策も着実に講じていく必要がある。

そして何より、同施設の受け入れにご理解を賜った佐川町、同議会、地元住民の皆様に改めて心から感謝申し上げたい。

◉基本方針

懸案事項の多くは、あちらを立てれば、こちらが立たずだ。利害関係や利点・難点が入り組み、一筋縄では解決ができないから懸案なのだが、その中で最も重視した基本方針は、「公明正大」に徹し、「説明責任を果たすこと」であった。

数々の人間ドラマもあり、関係者が大変なご苦労や損害を受け入れざるを得ない場合もある。だからこそ、一点の曇りもなく、何故そうせざるを得ないのか、その理由、目的、手段の有効性に至るまで、明確に議会、県民に説明することが肝要だと考えてきた。

公共交通の再編問題などが典型だ。その債務の処理をめぐって債権者の同意が得られなければ問題の解決はできなかったが、徹底した会計監査を経て経営状況が明確になったおかげで、関係者の納得を得ることができた。

併せて、徹底した準備も必要だった。先にも述べたように、最悪の事態に備えた手札を準備していたことが、交渉や懸案解決にとって不可欠であった。

そして、やはり、十河副知事、岩城副知事の役割は大きかった。懸案を担当する職員は大変だ。彼らをいたわり、はげまして、よくまとめてくれた。また厳しい交渉の前面に立って下さる場合も多かった。大変な状況の中で、誠に良く頑張ってくれた職員とともに、両副知事にも心から感謝申し上げたい。

知事の権限――時々の県政

県知事の権限は誠に強大だ。そして、この点を私は誰よりもよく分かっているつもりだ。県知事は、すべての職員の人事権を握り、予算提案権を一手に握る。普通の感覚として、自分の人事権を握る知事に対して、異論を唱えるのは勇気がいるだろう。できれば機嫌を損ねるような話もしたくはないだろう。

「悪い話ほど速やかに」と職員に口酸っぱく言ってきたのも、それほど徹底しなければ、裸の王様になる恐れが大きかったからだ。そして、先述のとおり、確かに悪い話は良く上がってきたし、そのおかげで県政として命拾いしたことも多々ある。

◉積み重ねて

だが、年を重ねるにつれ、やはり庁内で自分が強くなり過ぎつつあることを自覚するようになった。40歳で知事になった頃は大変だった。明らかにこの若造め、という雰囲気で接してくる職員もいた。こちらはこちらで職員の仕事振りに不満もあったので、言うべきことは言わせてもらった。それに対して、これまたズケズケ言ってくる職員も多かった。「あんたはまあ分からんがやき、任せちょいて。ちゃんとやりゆうわね。」とゴリゴリの土佐弁で言われたことも本当にある。

だが、私の思いと考えが徐々に浸透し、私も職員の仕事ぶりに満足するようになるにつけ、一方で、職員がだんだんと大人しくなってきたように感じた。更に言えば、私への依存度も高くなってきたように思った。

やる気もアイデアもある職員が明らかに増える一方で、節目にはじっと私の判断を待つ、ということも増えたように感じられたのだ。確かにかつてのように「副知事と相談して決めたので」と私の指示を拒むような職員では困る。節目にはしっかりと相談して貰わないと民主的な統制もとれない。バランスが大事なのだが、「私の判断を待つ」ことが行き過ぎれば、これはこれで問題だと思った。

故に、3期目の後半には、長くやりすぎたんだろうな、と思うようにもなった。毎年度、人事権を行使してきた影響も間違いなく大きかったろう。だが、これは誰が知事だろうと同じだ。加えて、私が、少なくとも重要案件については、はっきりとしたトップダウンスタイルをとってきたことも、間違いなく影響を与えたはずだ。

トップダウンの典型のように言われた私が言うと驚かれるかもしれないが、本来は、県庁という3000人を超える大組織でトップダウンスタイルをとることは異常なことだ。

それでも、そうしたのは、それほどまでに高知が非常事態にあったからだ。

私が知事に就任したあの当時の高知県は、全国の中で真っ先に人口減少に伴って経済も縮むという極めて厳しい状況に陥っていた。全国の有効求人倍率が1を超えたにも関わらず、その値がピクリとも上向かず0・4台に止まり続けるなど、いまだかつて当時の高知県だけだ。

だから、当時の高知県においては、その苦境から脱するため、スピード感をもって大胆な新しい政策群を新たに提示しなければならなかった。産業振興計画を一から作り、地震対策を根本から見直した。そして、その前提として、長く続いた財政再建路線の中で萎縮しがちだった県庁の仕事振りも、ガラリと変えねばならなかったのだ。

重要な課題に限られはするが、多くの課題について、私は、大きな方針の決定から細部の設計まで直接携わってきた。持てる知恵の限りを尽くしたつもりだ。そして、その余韻を受けて、今でも、これをああしたら、あれをこうしたら、というアイデアがいくつも頭にはある。

財政再建中心主義の県政から、創る県政へと方向を大転換し、新たに政策群そのものを創り出そうとする時だったから、トップダウンである必要があったのだ。

高知が非常事態にあった、そういう時だったからこそ、県民に直接責任を負う県知事が、その持てる権限を活用して、リスクを背負って、トップダウンで新たな道を切り開いていくことが適切であったと、今も思っている。

◉新たなやり方で

だが、異常なことである以上、いつまでも続けるべきスタイルではない。職員の仕事振りも変わり、PDCAサイクルなど回すのが当たり前、という状況になってきた今となっては、よりオーソドックスなボトムアップスタイルが重きを増すようになるべきなのだろう。まして、県庁職員が私の前でだんだんと「大人しくなってきた」ようでもあることを考えれば、この点は重要だ。

私は、4期目不出馬を発表するにあたって、県民の皆様に次の知事候補として濵田省司さんをご提案させていただいた。他にも頭に浮かぶ素晴らしい方々は複数いたのだが、やはり行政運営能力に一番すぐれた方は濵田さんだと思った。その高知を思う熱い気持ちも知っていた。更に、トップダウンの12年の後には、濵田さんのような優しいスタイルが望ましいとも思った。そうした思いで、2019年の春、「今年の秋かもしれないし、もしくは、私の4期目が叶うなら4年後となるかもしれないが、知事選への挑戦を考えておいて欲しい。」とお願いをしたのだ。

仮に4期目があるとすれば、私でも、芸風を変えてボトムアップスタイルにせねばならなかっただろう。こう言うと、無理、無理と笑われもする。しかし、役所時代にはそういうポストをこなした年もあったのだから、たぶん無理ではない。でも、それは私らしくないのかも知れないし、私でなくても良いのかも知れない、と思いもした。

県政のあり様は、時々の状況による。いや、時々の状況によるべきだ。

就任後初の県議会で私は、知事は「3期12年まで」と答弁した。レイムダック化を避けるため、後にこの答弁に色々留保条件をつけたりした。

だが、以上のことを考えるにつけ、あの答弁はやはり正しかったと、つくづく思うのである。

終章

任期満了
——心からの感謝を

よく誤解されるが、私は大変な照れ屋だ。人前での演説は大丈夫だが、カラオケはしらふなら体が固まる。まして、踊りなどもってのほか。知事として追手筋で何度かよさこいを踊ったが、ついぞ桟敷席と目を合わせることができなかった。

◉いざというときに

しかし、県勢浮揚のためには歌舞音曲を伴うPRも大いに必要だ。不得意な私を多くの方が助けてくださった。

故人橋巨泉さんもその一人だ。「昔『ローマの休日』、今や『リョーマの休日』ってやればいい」と値千金の知恵を授けてくださった。

「高知家」のアイデアを初めて聞いた時も、これだ!と思った。「飲んだら一発友達」的な温かい県民性を見事に言い当てていると感心したものだ。

ちなみに、両方とも、自分が出たPRポスターや動画をしばらくまともに見られなかったのだが。

うれしかったのは、多くの県民の皆さまの参加を得られたことだ。「リョーマの休日」ののぼり旗も数多く使われた。高知家のバッジも累計で35万個出回っている。一人一人の高知愛が積み重なった力は、誠に大きかった。

12年間、つらいことも多かったが、いざというときには、本当に多くの県民の皆さんが一緒に歩んでくださった。「まるごと高知」しかり、津波防災しかり。賜ったご協力のありがたさは、本当に計りしれない。

こうした私にとって、4選不出馬という決断に至るまで、悩みは本当に深かった。

この12年間はまさに高知一筋。県政への愛着は簡単には断ち難く、先にも述べたように、今も、頭にはたくさんのプランがある。

他方で、多くの方々に国政挑戦をと促されもした。特に、前回の衆議院選挙の後からは、多くの方々から直に、次も厳しい闘い、是非挑戦を、と強く背中を押された。地方を知る政治家が国政にもっと必要なのだから、と渾々と諭してくださる方々もいた。

政策提言を通じて、国政との関わりが増えるにつれ、もっと地方重視の流れを、との危機感も増していた。3期目を迎える頃には、日本全体にとっても地方重視こそが重要だ、と確信するようになっていた。

調整しなければならない難題も多く、散々迷い悩んだが、やはり「辞めよう」と思った。

繰り返しになるが、知事の権限の強大さは、自分でもよく分かっている。最初の県議会で「3期12年まで」と答弁したとおり、やはり長すぎてはいけない、と思った。一方で、背中を押してくださる方々の言葉も期待も重かった。そして、より地方重視の国政の実現、との目標こそ、知事12年の経験を生かす道だとも思うようになった。

何ヶ月か考え続けて、2019年7月末、このために自らの後半生を捧げようと決意した。いばらの道だが、信念に基づいて、今、新しい挑戦を始めたところだ。

◉「高知家」の力！

この回顧録もいよいよ終わりとなる。今頭に浮かぶのは、数々の感謝の念だ。

県庁職員の皆さんには12年間誠にお世話になった。「疲弊した職員像」が報道の定番だったが、私の知る職員たちは、そんなにやわではない。

職員アンケートによるストレス度調査では、全国平均を100とした場合、県庁は2018年は77、19年は76にとどまる。200超と予測した記者もいたのだが。超多忙の中、大多数の職員が「県民のために」と、自らの職務に意義を感じて働いてくれた証拠だ。改めて心から感謝申し上げたい。

県議会の皆さまにも心から御礼申し上げたい。議会での徹底した政策論議は、知事仲間からもうらやましがられた。全ての政策は、県議会で鍛えられたおかげでできあがったものだ。

市町村長、職員の皆さまにも心から御礼申し上げたい。相互の連携あればこそ、県政は前に進んだ。

家族にも感謝している。24時間どこか緊張していた私にとって、温厚な妻は救いだった。両親にも迷惑をかけた。老後をのんびり過ごす予定だったのに、選挙に出ると突然言い出した親不孝者を、脇目もふらず必死に応援してくれた。親はありがたいものだ。

そして、改めて県民の皆さま。12年間本当にありがとうございました。必死に頑張りましたが、果たして、どれだけお役に立てたことか。

このコロナ禍を、みんなで力を合わせて乗り越えていきましょう。今こそ「高知家」の底力を！

就任記者会見　あれから12年

おわりに

２０１９年８月に４選不出馬を表明した時には、コロナ禍の猛威など想像することもできなかった。これまでも言ってきたことだが、もし、コロナ禍がこの表明前に始まっていれば、私は間違いなく４期目に挑戦させていただいただろう。比較的平穏な状態の県政をバトンタッチしたつもりが、思わぬ苦労を後任の濵田知事にはおかけすることとなった。

知事を退任してもう１年半となる。今は、新たな挑戦に向けて日々県民の皆さまのもとにお伺いする日々だ。

私は大学を卒業して直ぐ大蔵省に入省し、これまでの社会人生活のほぼ全てを公務の中で過ごしてきた。だから、１年半もの長い期間を、いわゆる公務に携わること無く過ごしたのは社会人になって初めてである。この間、コロナ禍が起こり、高知も日本も多くの困難や変化に直面してきた。今も、コロナ禍のために、多くの県民の皆様が大変な苦労をしておられる。その中で、長く公務に携わってきたにもかかわらず、まして、つい最近まで知事であったにもかかわらず、何ら公の立場でお役に立てない自分が歯痒くもある。だが、だとしても今の自分には今の役目がある。そういう思いで日々活動してきた。

役目のひとつは、県民の皆様の中に、より身近により深く入っていくことだ。お一人おひとりのお宅に伺い、お一人おひとりとお話をする日々を通じて、県民の暮らしをより深く知り、より多くを学ぶ機会をいただいている。いつか、今の学びを、新たな形で皆さまのお役に立てることができれば、と心する日々である。

そして、もう一つは、12年間の県政運営に如何なる考えで臨んだかを記すこと、即ち、この回顧録を仕上げることだと考えてきた。これは知事としての最後の仕事であり、知事であった者として果たすべき説明責任のひとつなのだとの思いでもある。

繰り返すが、本稿で述べたのは、如何なる考えであったか、である。もっと生々しい、様々な政治ドラマ、人間ドラマもあったのだが、退任して日も浅く、また私自身まだ現役の政治家でもあることから、本稿では、最低限の記述にとどめさせていただいた。

だが、多くの事柄は人と人との血の通うやりとりがあってこそ成る。記してなくともお世話になった多くの方々に、心からの感謝を捧げたい。私のせいで嫌な思いをされた方々もいらっしゃるだろう。真摯にお詫びしなければならない。

そして、未熟な私を温かく応援していただいた県民の皆さま、ご指導いただいた県議会、市町村の皆さま、日々一緒に頑張ってくださった県職員の皆さまに、改めて心から感謝申し上げます。おかげで、任期を何とか全うすることができました。12年間、本当に本当にありがとうございました。

本稿の執筆にあたっては、ぎょうせい出版事業部の皆さまに、長期間辛抱強くお付き合いいただきました。記して感謝申し上げます。

そして、この拙い回顧録を最後までお読みいただいた皆さま。誠にありがとうございました。退任した今も、日々、コロナ禍からの早期脱却と、県勢浮揚を心から願っております。
改めて、今こそ「高知家」の底力を！

令和3年初夏　六泉寺の事務所にて

資料編
トピックス

第1期
〔平成19年12月7日～平成23年12月6日〕

平成20年（2008年）
3月　「花・人・土佐であい博」開幕
4月　東京事務所の体制・機能の強化
4月　『対話と実行』座談会スタート
5月　第1回県政改革に関する検証委員会開催
6月　「高知県産業振興計画」検討委員会発足
11月　「高知県産業振興計画」中間とりまとめ発表
平成21年（2009年）
3月　「高知県産業振興計画」策定
3月　「県政改革アクションプラン」策定
4月　産業振興推進部設置
4月　高知工科大学が公立大学法人化
5月　あったかふれあいセンターの取組がスタート
8月　高知県地産外商公社設立
9月　「高知県教育振興基本計画」策定
平成22年（2010年）
1月　「土佐・龍馬であい博」開幕
2月　「日本一の健康長寿県構想」策定
3月　高知医療再生機構設立
3月　高知医療センター直営化（PFI契約の解消）
3月　「新・高知県行政改革プラン」策定
7月　「目指せ！弥太郎 商人塾」開講
8月　「まるごと高知」オープン
★過去最高（当時）の435万人の観光客数を達成
平成23年（2011年）
3月　「志国高知 龍馬ふるさと博」開幕
3月　東日本大震災が発生（※南海地震対策の抜本強化を開始）
4月　高知県立大学開学
4月　全国知事会次世代育成支援対策特別委員会委員長就任
7月　こうち旅広場グランドオープン（「『龍馬伝』幕末志士社中」オープン、三志士像設置）

第2期

［平成23年12月7日～平成27年12月6日］

平成24年（2012年）

2月　第2期「日本一の健康長寿県構想」策定

3月　第2期「高知県産業振興計画」策定

4月　高知県観光キャンペーン「リョーマの休日」スタート

4月　龍馬パスポート発行開始

4月　高知県立あき総合病院開院

6月　集落活動センター第1号「汗見川」完成

7月　全国知事会 次世代育成支援対策プロジェクトチーム リーダー就任

12月　高知自動車道が四万十町へ延伸

平成25年（2013年）

6月　「高知家」キャンペーン開始

6月　第2期「高知県南海トラフ地震対策行動計画」策定

7月　「楽しまんと！はた博」開幕

10月　ねんりんピックよさこい高知 2013開幕

★407万人観光客数を達成、以降400万人観光が定着

平成26年（2014年）

3月　第1回「食の県民総選挙」実施（結果発表）

4月　ものづくり地産地消・外商センター設置

4月　高知県立農業担い手育成センター（窪川アグリ体験塾）設置

8月　台風第11号・第12号による災害が発生

10月　とさでん交通（株）設立

平成27年（2015年）

4月　高知県立大学永国寺キャンパスが始動

4月　高知県産学官民連携センター「ココプラ」開所

4月　「高知家・まるごと東部博」開幕

4月　「県政運営指針」策定

7月　「高知県事業承継・人材確保センター」オープン

★移住者数518組達成（平成27年度）

★公社等の外商支援

成約件数6555件達成・

成約金額20・79億円達成（平成27年度）

第3期

［平成27年12月7日～令和元年12月6日］

平成28年（2016年）
2月　第3期「日本一の健康長寿県構想」策定
3月　第3期「高知県産業振興計画」策定
3月　第3期「高知県南海トラフ地震対策行動計画」策定
3月　第2期「高知県教育振興基本計画」策定
4月　「2016奥四万十博」開幕
5月　四万十町に次世代施設園芸団地が完成
9月　「高知家健康パスポート」事業開始
★移住者数683組達成（平成28年度）
★公社等の外商支援
成約件数8112件達成・
成約金額28・48億円達成（平成28年度）

平成29年（2017年）
3月　「志国高知　幕末維新博」第一幕開幕
3月　高知県立高知城歴史博物館オープン
10月　高知県移住促進・人材確保センター開設
★過去最高（当時）の440万人観光客数を達成
★移住者数816組達成（平成29年度）
★公社等の外商支援
成約件数9127件達成・
成約金額35・41億円達成（平成29年度）

平成30年（2018年）
4月　「志国高知　幕末維新博」第二幕開幕
4月　高知県立坂本龍馬記念館リニューアルオープン
4月　全国知事会　社会保障常任委員会委員長就任
4月　高知県立林業大学校が本格開校
7月　オーテピア高知図書館開館
7月　平成30年7月豪雨（西日本豪雨）による災害が発生
10月　「明治150年記念　第38回全国豊かな海づくり大会～高知家大会～」開催
★過去最高の441万人観光客数を達成
★移住者数934組達成（平成30年度）
★公社等の外商支援
成約件数9620件達成・
成約金額42・38億円達成（平成30年度）

平成31年／令和元年（2019年）
2月　「リョーマの休日～自然&体験キャンペーン～」開幕
3月　第4期「高知県南海トラフ地震対策行動計画」策定
4月　高知県漁業就業支援センター設置
4月　スポーツ科学センター設置
7月　「土佐れいほく博」開幕

主な成果

1　経済の活性化

総　括

◉県内総生産　【H13 → H20】名目△ 13.7%、実質△ 7.3%

⬇

【H20 → H30】名目 **+6.7**%、実質 **+3.9**%

※人口減少下においても拡大する経済へと構造を転じつつある

◉一人当たり県民所得　【H20 → H30】**+20.0**%　※国を上回る伸び（国 +12.5%）

◉有効求人倍率　【H20】0.46 倍　➡　【R元】**1.27** 倍

農業分野

◉農業産出額等　【H20】1,026 億円　➡　【R元】**1,123** 億円　**9.5**%増

◉販売農家 1 戸当たりの農業産出額等

【H22】503 万円　➡　【R元】**851** 万円　**69.2**%増

◉次世代型ハウスの整備　209 棟、46ha（H31.3 末）

◉主要野菜 7 品目における環境制御技術の導入率　約 50%（H31.3 末）

林業分野

◉原木生産量　【H20】41.8 万㎥　➡　【R元】**67.1** 万㎥　**60.5**%増

◉林業就業者 1 人当たりの原木生産量

【H20】271㎥　➡　【R元】**427**㎥　**57.6**%増

水産業分野

◉漁業生産額（宝石サンゴを除く）

【H20】483 億円　➡　【R元】471 億円　2.5%減

うち、養殖業　【H20】139 億円　➡　【R元】**243** 億円　**74.8**%増

◉漁業就業者 1 人当たりの生産額

【H20】984 万円　➡　【H30】**1,507** 万円　**53.2**%増

◉高知家の魚応援の店

登録店舗数／ 1,008 店（R元.8 末）　取引額／（R 元）4.2 億円

食品分野

◉食料品製造業出荷額等

【H20】910 億円　➡　【R元】**1,201** 億円　**32.0**%増

◉まるごと高知で年間に扱う商品数

【当初】1,400 商品程度　➡　【近年】**2,500** 商品程度

◉**地産外商公社の外商支援による成約金額**
【H23】3.4 億円 ➡ 【R元】**46.4** 億円 約 **14** 倍

◉**地産外商公社等の支援による成約件数**
【H21】178 件 ➡ 【R元】**9,896** 件 約 **56** 倍

◉**公社が主催する展示商談会などに参加する県内事業者数**
【H22】34 社 ➡ 【R元】**194** 社 約 **5.7** 倍

商工業分野

◉**製造品出荷額等**（電子部品を除く）
【H20】5,057 億円 ➡ 【R元】**5,799** 億円 **14.7**%増

◉**ものづくり地産地消・外商センターの外商支援による受注金額**
【H24】2.5 億円 ➡ 【R元】**77.2** 億円 約 **31** 倍

◉**防災関連製品売上額**
【H24】0.6 億円 ➡ 【R元】**61.3** 億円 約 **102** 倍

観光分野

◉**県外観光客入込数**
【H20】305 万人 ➡ 【R元】**438** 万人 **43.6**%増
※ 7 年連続で 400 万人台→ 400 万人観光が定着

◉**観光総消費額**
【H20】777 億円 ➡ 【R元】**1,096** 億円 **41.0**%増
※ 6 年連続で 1,100 億円前後で推移

◉**外国人延べ宿泊者数**
【H23】16,480 人泊 ➡ 【R元】**95,360** 人泊 約 **5.8** 倍

横断的に関わる取り組み

◉**移住者数の推移**
【H23】120 組／ 241 人 ➡ 【R元】**1,030** 組／ **1,475** 人 約 **9** 倍

◉**土佐まるごとビジネスアカデミー参加者数**
のべ **24,774** 人（H24 ～ R 元）

◉ **IT コンテンツアカデミー受講者数**
のべ **6,522** 人（R元.9 末）

◉ **IT コンテンツ関連産業の立地企業数等**
22 社、新規雇用者数 300 人程度（退任時）

2　日本一の健康長寿県づくり

◉がん検診受診率

各がん検診の受診率（R 元）が **7.5 ～ 17.5** ポイント上昇（H21 比）

◉高知家健康パスポートの取得者数

38,737 人（R元.7 末）

◉壮年期死亡率（人口 10 万人当たり）

【H21】639.1　➡　【R元】**427.9**　約 **7** 割に低減

◉ドクターヘリの離発着場の整備　**290** か所超

◉ドクターヘリの出動回数　【R元】567 回

◉あったかふれあいセンター設置数

【H21】22 市町村 28 か所　➡　【R元】**31** 市町村 **50** 箇所 **239** サテライト

◉乳幼児検診受診率（1 歳 6 か月児及び 3 歳児）

各受信率（R 元）が **16.4 ～ 18.4** ポイント上昇（H21 比）

◉子ども食堂の開設数　**20** 市町村 **77** か所（R2.3 末）

3　教育の充実と子育て支援

◉学力テスト全国順位（小学校／算数・国語）

【H19】が 37 位　➡　【H31】**16** 位　※特に算数は全国 6 位

◉学力テスト全国順位（中学校／数学・国語）

【H19】が 46 位　➡　【H31】**39** 位

◉県市合築新図書館等複合施設「オーテピア」オープン（H30.7）

4　南海トラフ地震対策の抜本強化・加速化

◉想定死者数（南海トラフ地震対策行動計画における）

【H25.5】約 42,000 人　➡　【H31.3】約 **11,000** 人　約 **74**％減

◉避難路・避難場所の整備数

1,445 か所（計画総数の全て）

◉津波避難タワーの設置数

112 か所（計画総数 119 か所）（退任時）

◉津波避難計画の策定

沿岸 19 市町村全てで **392** 計画が策定済み

◉**住宅の耐震化**

のべ **10,820** 棟（R2.3 末）

◉**総合防災拠点の整備**

県内 **8** か所

◉**避難所の確保**

1,293 か所、約 **21** 万人分

5　インフラの充実と有効活用

◉**四国８の字ネットワーク延長キロ数**

【H19】85.9km　➡　【R元】**144.2**km

※事業中区間を合わせると整備率は 84.7％に向上

◉**浦戸湾の三重防護対策の新規事業採択**（H28）

◉**高知新港メインバース供用開始**（H26）

大型クルーズ客船 R 元寄港回数 29 回

◉**早明浦ダム再生事業の新規事業化**（H30）

6　中山間対策の充実・強化

◉**集落活動センター開設数**　**30** 市町村 **54** か所（R元.8 末）

7　少子化対策の充実・強化と女性活躍の場の拡大

◉**合計特殊出生率**

【H21】1.29　➡　【H30】**1.48**　※この間の伸び率が全国を上回る

8　文化芸術とスポーツの振興

◉**新たな県史編さんに着手**（H31）

◉**高知城歴史博物館オープン**（H29.3）

◉**坂本龍馬記念館リニューアルオープン**（H30.4）

◉**全高知チームの立ち上げ**（15 競技）

◉**スポーツ科学センターの開設**（H31.4）

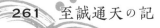

著者略歴

氏　名：尾崎正直《おざきまさなお》

出身地：高知市

生年月日：昭和 42 年 9 月 14 日

平成 3 年 3 月：東京大学経済学部卒業

平成 3 年 4 月：大蔵省（現 財務省）入省

外務省在インドネシア大使館一等書記官、

主計局主査、内閣官房副長官秘書官　等

平成 19 年 10 月：財務省退職

平成 19 年 12 月：高知県知事就任

令和 元 年 12 月：高知県知事（3 期目）任期満了により退任

【主な役職】

◆全国知事会副会長（H29.1 ～ H31.1）

◆全国知事会社会保障常任委員会委員長（H30.4 ～ R1.12）

◆全国高速道路建設協議会会長（H27.6 ～ R1.12）

◆教育再生実行会議委員（H25.1 ～ R2.7）

◆ナショナル・レジリエンス懇談会委員（H25.3 ～ R1.12）

◆南海トラフ地震 10 県知事会議代表世話人（H29.7 ～ R1.12）

◆ CLT で地方創生を実現する首長連合共同代表（H27.8 ～ R1.12）

◆林業復活・地域創生を推進する国民会議副会長（H30.3 ～ R1.12）

尾崎県政１２年 回顧録
至誠通天の記

令和３年９月17日　第１刷発行

著　者　尾﨑　正直

発行所　株式会社　ぎょうせい
〒136-8575　東京都江東区新木場1-18-11
フリーコール　0120-953-431
URL：https://gyosei.jp

〈検印省略〉

印刷　ぎょうせいデジタル㈱

ISBN978-4-324-11033-1
（5108737-00-000）
〔略号：至誠通天の記〕